KB074760

신주 사마천 사기 31

이사열전

몽염열전

장이진여열전

위표팽월열전

경포열전

이 책은 롯데장학재단의 지원을 받아 번역, 출간되었습니다.

신주 사마천 사기 31 / 이사열전·몽염열전·장이진여열전 위표팽월열전·경포열전

초판 1쇄 인쇄 2023년 10월 15일
초판 1쇄 발행 2023년 11월 10일

지은이 (본문) 사마천
(삼가주석) 배인·사마정·장수절
번역 및 신주 한가람역사문화연구소 사기연구실

펴낸이 이덕일
펴낸곳 한가람역사문화연구소

등록번호 제2019-000147호
주소 서울특별시 종로구 김상옥로17 대호빌딩 신관 305호
전화 02) 711-1379
팩스 02) 704-1390
이메일 hgr4012@naver.com

ISBN 979-11-90777-44-5 94910

값은 뒤표지에 있습니다.

세계 최초
삼가주석
완역

신주 사마천 사기

31

이사열전 | 몽염열전
장이진여열전 | 위표팽월열전
경포열전

지은이
본문_ 사마천
삼가주석_ 배인·사마정·장수절

번역 및 신주
한가람역사문화연구소 사기연구실

한가람역사문화연구소

차례

머리말 《사기》 〈열전〉의 넓고 깊은 세계에 관하여 …7

사기 제87권 史記卷八十七
이사열전 李斯列傳

들어가기 …16
제1장 천하명문 간축객서 …18
제2장 잘못 세운 호해 …42
제3장 조고가 권력을 전횡하다 …64
제4장 잘못된 자들의 최후 …90

사기 제88권 史記卷八十八
몽염열전 蒙恬列傳

들어가기 …108
제1장 조고와의 악연 …110
제2장 허망한 최후 …124
지도 1 몽염열전 …132

사기 제89권 史記卷八十九
장이진여열전 張耳陳餘列傳

들어가기 … 136

제1장 장이와 진여의 친교 … 138

제2장 갈라진 장이와 진여 … 161

제3장 조왕을 구한 관고 … 178

사기 제90권 史記卷九十
위표팽월열전 魏豹彭越列傳

들어가기 … 196

제1장 위표 형제 … 198

제2장 양왕 팽월 … 206

사기 제91권 史記卷九十一
경포열전黥布列傳

들어가기 … 224

제1장 묵형을 당해 왕이 된 경포 … 226

제2장 항우를 배신하다 … 236

제3장 배신의 응보 … 248

• 찾아보기 … 267

新註史記

신주사기26	사기 61권	백이열전	편
	사기 62권	관안열전	편
	사기 63권	노자한비열전	편
	사기 64권	사마양저열전	편
	사기 65권	손자오기열전	편
	사기 66권	오자서열전	편
신주사기27	사기 67권	중니제자열전	편
	사기 68권	상군열전	편
	사기 69권	소진열전	편
신주사기28	사기 70권	장의열전	편
	사기 71권	저리자감무열전	편
	사기 72권	양후열전	편
	사기 73권	백기왕전열전	편
	사기 74권	맹자순경열전	편
	사기 75권	맹상군열전	편
신주사기29	사기 76권	평원군우경열전	편
	사기 77권	위공자열전	편
	사기 78권	춘신군열전	편
	사기 79권	범저채택열전	편
	사기 80권	악의열전	편
	사기 81권	염파인상여열전	편
신주사기30	사기 82권	전단열전	편
	사기 83권	노중련추양열전	편
	사기 84권	굴원가생열전	편
	사기 85권	여불위열전	편
	사기 86권	자객열전	편
신주사기31			◀
			◀
			◀
			◀
			◀
신주사기32	사기 92권	회음후열전	편
	사기 93권	한신노관열전	편
	사기 94권	전담열전	편
	사기 95권	번역등관열전	편
	사기 96권	장승상열전	편
신주사기33	사기 97권	역생육가열전	편
	사기 98권	부근괴성열전	편
	사기 99권	유경숙손통열전	편
	사기 100권	계포난포열전	편
	사기 101권	원앙조조열전	편
	사기 102권	장석지풍당열전	편
	사기 103권	만석장숙열전	편
신주사기34	사기 104권	전숙열전	편
	사기 105권	편작창공열전	편
	사기 106권	오왕비열전	편
	사기 107권	위기무안후열전	편
신주사기35	사기 108권	한장유열전	편
	사기 109권	이장군열전	편
	사기 110권	흉노열전	편
	사기 111권	위장군표기열전	편
신주사기36	사기 112권	평진후주보열전	편
	사기 113권	남월열전	편
	사기 114권	동월열전	편
	사기 115권	조선열전	편
	사기 116권	서남이열전	편
신주사기37	사기 117권	사마상여열전	편
	사기 118권	회남형산열전	편
신주사기38	사기 119권	순리열전	편
	사기 120권	급정열전	편
	사기 121권	유림열전	편
	사기 122권	혹리열전	편
	사기 123권	대원열전	편
신주사기39	사기 124권	유협열전	편
	사기 125권	영행열전	편
	사기 126권	골계열전	편
	사기 127권	일자열전	편
	사기 128권	귀책열전	편
신주사기40	사기 129권	화식열전	편
	사기 130권	태사공자서	편

원 사료는 중화서국中華書局 발행의 《사기》와 영인본 《백납본사기百衲本史記》를 기본으로 삼고, 인터넷 사료로는 대만 중앙연구원 역사어언연구소歷史語言研究所에서 제공하는 한적전자문헌자료고漢籍電子文獻資料庫의 《사기》를 참조했다.

일러두기

❶ 네모 상자 안의 글은 사기 본문 및 삼가주석 서문의 글이다.
❷ 한글 번역문 바로 아래 한문 원문을 실어 쉽게 대조할 수 있게 했다.
❸ 삼가주석 아래 신주를 실어 우리 연구진의 새로운 해석을 달았다.
❹ 사기 분문뿐만 아니라 삼가주석도 필요할 경우 신주를 달았다.
❺ 직역을 원칙으로 삼고 의역은 최대한 피했다.
❻ 한문 원문에서 ( )는 빠져야 할 글자를, 〔 〕는 추가해야 할 글자를 나타낸다.

예) 살펴보니 15개 읍은 이 두 읍에 가까웠다.

案 十五邑近此(三)〔二〕邑

《사기》〈열전〉의 넓고 깊은 세계에 관하여

1. 시대별 〈열전〉의 세계

《사기》는 〈본기本紀〉, 〈표表〉, 〈서書〉, 〈세가世家〉, 〈열전列傳〉의 다섯 부분으로 구성된 기전체紀傳體 역사서이다. 기전체라는 이름은 다섯 부분 중에 제왕의 사적인 〈본기〉와 신하의 사적인 〈열전〉이 중심이라는 사실을 시사하고 있다. 〈본기〉가 북극성이라면 〈세가〉와 〈열전〉은 북극성을 향하는 뭇별이라는 구성이다. 〈열전〉은 모두 70편으로 구성되어 있지만 한 편의 〈열전〉에 여러 명을 수록하는 경우가 여럿이어서 실제 수록된 인물은 300명이 넘는다. 중국의 24사는 대부분 《사기》를 따라 기전체를 택하고 있지만 《사기》만의 독창적 내용이 적지 않다.

먼저 서술 시기를 보면 《사기》는 한 왕조사가 아니라 오제五帝부터 자신이 살던 한무제漢武帝 시기까지 천하사天下史를 기술했기에 그 시기가 광범위한데, 이는 〈열전〉도 마찬가지다. 그래서 이를 시기별로 나누어 정리할 필요가 있다.

첫째 시기는 춘추春秋시대 이전부터 춘추시대까지 활동했던 여러 인물이다. 〈백이열전伯夷列傳〉부터 〈중니제자열전仲尼弟子列傳〉까지 7편이 그런 경우로서 백이伯夷·숙제叔齊, 관중管仲, 안영晏嬰, 노자老子, 손자孫子, 오자서伍子胥, 공자孔子의 제자들 등이 이에 속한다.

둘째 시기는 전국戰國시대와 진秦 조정에서 활동한 인물들에 대해서 서술했다. 〈상군열전商君列傳〉부터 〈몽염열전蒙恬列傳〉까지 21편이 이런 경우로서 상앙商鞅, 소진蘇秦, 장의張儀, 백기白起, 왕전王翦, 전국 4공자, 여불위呂不韋, 이사李斯, 몽염蒙恬 등이 이에 속한다.

셋째 시기는 초楚와 한漢이 중원의 패권을 다투던 시기에 활동했던 인물들이다. 〈장이진여열전張耳陳餘列傳〉부터 〈전담열전田儋列傳〉까지 6편으로 장이, 진여, 한신韓信, 노관盧綰 등이 이에 속한다.

넷째 시기는 한고조 유방부터 경제景帝 때까지의 인물들을 서술하고 있다. 〈번역등관열전樊酈滕灌列傳〉부터 〈오왕비열전吳王濞列傳〉으로 번쾌樊噲, 육가陸賈, 계포季布, 유비劉濞 등이 이에 속한다.

다섯째 시기는 한무제 때의 인물들이다. 〈위기무안후열전魏其武安侯列傳〉 등으로 두영竇嬰, 이광李廣, 위청衛青, 곽거병霍去病 등과 사마천 자신에 대해서 서술한 〈태사공자서太史公自序〉도 이 범주에 들 수 있다.

사마천은 한 사람의 인생 전부를 서술하는 개념으로 〈열전〉을 서술하지는 않았다. 그가 관심을 가진 것은 특정 인물이 어떤 사상을 가지고 한 시대를 어떻게 헤쳐 나갔는가, 또는 그 시대에 어떤 영향을 미쳤는가 하는 것이지 인생 전반을 세세하게 서술하는 것은 아니었다. 그러다보니 《사기》 〈열전〉을 보면 한 인간의 역경을 통해서 그가 산 시대의 생생한 분위기도 엿볼 수 있다.

2. 〈백이열전〉을 첫머리로 삼은 이유

《사기》 〈열전〉이 지금껏 인구에 회자되는 것은 사마천이 당위성만 추구한 것이 아니라 당위성과 실제 현실 사이의 괴리를 포착해 한 인물의 부침을 서술했기 때문이기도 할 것이다. 그가 〈열전〉의 첫머리를 〈백이열전〉으로 삼은 것은 〈세가〉의 첫머리를 〈오태백세가吳泰伯世家〉로 삼아 막내 계력季歷에게 왕위를 물려준 사양辭讓의 정신을 크게 높인 것과 마찬가지로 이利보다는 의義를 추구한 백이·숙제를 높인 것이다.

사마천은 제후가 아닌 공자를 〈공자세가〉로 높여 서술하고 〈중니제자열전〉과 〈유림열전儒林列傳〉도 서술해 유가儒家를 높이기도 하였다. 그러나 사마천은 단순히 유학을 높인 것이 아니라 유학에서 천하는 공公의 것이기에 자기 자식이 아니라 현명한 인물에게 자리를 넘겨주는 선양禪讓의 정신을 높게 산 것이다. 그래서 오제의 황제黃帝부터 요순堯舜까지 행해졌던 선양禪讓의 정신을 크게 높였다.

그러나 〈백이열전〉에서 사마천은 "백이·숙제는 남을 원망하지 않았다."는 공자의 말을 수록하면서도 사마천 자신은 공자의 견해에 동의하지 않고 백이·숙제의 뜻을 비통한 것으로 여겼다. 또한 그가 의문을 가진 것은 "하늘의 도道는 친함이 없고 항상 선한 사람과 함께한다."라고 했는데 선한 사람인 백이·숙제 같은 사람이 왜 굶어죽어야 했느냐는 질문이다. 그럼에도 불구하고 이利를 추구하는 삶보다 의義를 추구하는 삶이 중요하다는 생각에서 〈백이열전〉을 첫머리로 삼은 것이다.

〈백이열전〉뿐만 아니라 초나라를 끝까지 부흥시키려고 했던 〈춘신군열전春申君列傳〉이나 〈자객열전刺客列傳〉 등도 이에 속한다. 〈자객열전〉의 형가荊軻가 남긴 "장사 한 번 떠나면 다시 돌아오지 않으리[壯士一去兮不復還]"라는 시가가 대일항전기 의열단원들이 목숨을 걸고 국내에 잠입할 때 동지들과 나누던 시가라는 점은 시대와 장소를 넘어 의義의 실천에 목숨을 건 사람들이 깊은 동질감을 느꼈기 때문일 것이다.

3. 주제별 〈열전〉

〈열전〉 중에는 각 부문의 사람들을 주제별로 묶어서 서술한 〈열전〉이 적지 않다. 좋은 벼슬아치를 뜻하는 〈순리열전循吏列傳〉은 이후 많은 기전체 역사서가 따라서 서술하고 있다. 후세 벼슬아치들에게 역사의 포상이 가장 중요한 상으로 여기고 좋은 벼슬아치가 되려고 노력하라는 권고의 뜻을 담고 있다. 또한 혹독한 벼슬아치를 뜻하는 〈혹리열전酷吏列傳〉은 반대로 역사의 비판이 가장 무거운 형벌임을 깨닫고 백성들을 가혹하게 대하거나 가렴주구를 하지 말라는 권고를 담고 있다.

사마천은 비록 유학을 높였지만 유자儒者는 칭송을 받는데 유협游俠은 비난을 받는 현실에 대해서도 불만이었다. 그래서 유협들도 수백 년이 지난 후에도 제사를 받는다면서 〈유협열전〉을 서술했다. 〈유협열전〉같은 경우 《사기》, 《한서》와 그 전편이 모두 전하지 않는 《위략魏略》 정도가 이어서 유협에 대해 서술하였고 이후의 역사서에서는 외면받았던 인물들이다.

사마천은 또한 '기업가 열전'이라고 할 〈화식열전貨殖列傳〉을 서술했다는 이유로도 비판받았지만 그가 지금껏 역사가의 전범典範으로 대접받는 밑바탕에는 경제를 무시하지 않았던 역사관이 깔려 있었다. 그러나 〈화식열전〉은 이후 《사기》와 《한서》에서만 서술하고 있을 정도로 여러 사서는 벼슬아치와 학자만 높였지 사업가는 낮춰 보았던 것이 동양 유학 사회의 현실이었다.

《사기》에만 실려 있고, 다른 기전체 사서는 외면한 〈열전〉이 〈골계열전滑稽列傳〉, 〈일자열전日者列傳〉, 〈귀책열전龜策列傳〉이다. 〈골계열전〉은 보통 세속을 따르지 않고, 세상의 이익을 다투지 않는 것을 귀하게 여기는 사람들의 풍자정신에 대해 서술한 것으로 해석된다. 사마천이 보기에는 천문관측에 관한 〈일자열전〉이나 길흉을 점치는 복서卜筮에 대한 〈귀책열전〉도 나라를 다스리는데 필수적이라는 생각에서 이를 〈열전〉에 서술했다.

4. 위만조선만 서술한 〈조선열전〉

사마천이 〈열전〉에서 창안한 형식중 하나가 외국에 대한 〈열전〉이다. 사마천은 〈흉노열전匈奴列傳〉을 필두로 〈남월열전南越列傳〉, 〈동월열전東越列傳〉, 〈조선열전朝鮮列傳〉, 〈서남이열전西南夷列傳〉 등을 서술했다. 이것이 공자가 《춘추》에서 높인 존주대의尊周大義와 함께 중국의 전통적인 화이관華夷觀을 만들어 낸 것으로 볼 수 있다.

그러나 사마천은 동이족이 분명한 삼황三皇을 배제하고 오제五帝부터 서술한 데에서 알 수 있는 것처럼 화하족華夏族의 뿌리를 찾기 어렵다는 현실에 부닥칠 수밖에 없었다. 그래서 때로는 이족夷族의 역사를 무리하게 화하족 역사로 편입시키려 노력했다. 한나라를 크게 괴롭혔던 흉노를 하夏나라의 선조 하후夏后의 후예로 서술하고, 남월, 동월 등도 그 뿌리를 모두 화하족과 연결되게 서술한 것은 이 때문일 것이다.

〈조선열전〉에서는 단군과 기자의 사적은 생략하고 연나라 출신 위만衛滿에 대해서만 서술했다. 사마천은 《사기》의 여러 부분에서 기자箕子에 대해 서술했고, 그가 존경하던 공자가 《논어》에서 기자를 미자微子, 비간比干과 함께 삼인三仁으로 꼽았으므로 그의 사적을 몰랐을 리 없다. 그러니 기자가 주무왕周武王에 의해 석방된 후 '조선朝鮮'으로 갔다는 사실을 몰랐을 리 없고 기자가 간 조선이 '단군조선檀君朝鮮'이라는 사실도 몰랐을 리 없다. 그러나 사마천은 단군과 기자는 생략하고 위만조선만 서술했다. 그럼에도 그가 〈조선열전〉이라도 서술했기에 우리는 위만조선과 한나라의 관계나 위만조선의 왕족과 귀족들이 왜 망국 후 한나라의 제후로 봉함을 받았는지 알 수 있게 되었다.

이제 〈열전〉을 내놓으면서 40권에 이르는 《신주 사마천 사기》의 대단원의 막이 내려진다. 《신주 사마천 사기》는 비단 지금까지 전 세계에서 발간된 가장 방대한 《사기》 번역서 및 주석서일 뿐만 아니라 그간 《사기》에서 놓쳤던 여러 관점과 사실에 대해 알 수 있다. 예를 들면 《사기》 본문 및 그 주석에 숱하게 드러나고 있는 이족夷族의 역사를 되도록 되살렸다는 내용면에서도 새로운 시도라고 자평할 수 있다. 《신주 사마천 사기》 완간을 계기로 사마천이 그렸던 천하사가 더욱 풍부해질 뿐만 아니라 《사기》 속에 숨어 있던 우리 선조들의 이야기가 우리 후손들의 가슴 속에 자리 잡게 된다면 망외의 소득이라고 말할 수 있을 것이다.

사기 제87권 史記卷八十七
이사열전 李斯列傳

사기 제87권 이사열전 제27

史記卷八十七 李斯列傳第二十七

신주 이사李斯는 전국 말기 초楚나라 상채上蔡(현재 하남성 주마점시駐馬店市 상채현) 출신으로 순경荀卿(순자)에게 7년 동안 제왕학을 공부했다. 그는 진나라의 영정嬴政이 천하를 통일할 재목이라고 생각하고 진秦나라로 가서 승상 여불위呂不韋의 사인舍人이 되었다가 장사長史가 되고, 객경客卿에 올랐다. 진왕秦王 정政(진시황)이 축객령逐客令을 내리자 천하의 인재를 끌어모아야 한다는 논리로 축객령을 거두게 함으로써 진왕의 신임을 받았고, 육국六國을 병합할 계책을 내어 가장 먼저 한국韓國을 점령한 것을 시작으로 나머지 각 나라들을 모두 점령하여 통일의 대업을 완성하는 데에 지대한 공로가 있었다.

통일 후에는 제도 정비에 공업을 세웠다. 정위廷尉를 거쳐 승상丞相에 올라서 어사대부 풍겁馮劫 등과 논의해 '황제皇帝'의 칭호를 올렸으며, 군현제郡縣制, 분서갱유焚書坑儒, 문자文子 통일 등을 실시하여 정국을 안정시키고, 막강한 국가로 성장하는데, 큰 역할을 했다.

그러나 시황제가 죽은 뒤 이사는 환관 조고趙高의 설득을 받아들여 시황제의 맏아들 부소扶蘇와 장군 몽염蒙恬을 자살하게 하고 막내아들 호해胡亥를 이세황제로 옹립함으로써 조고가 권력을 쥐고 좌지우지하게 하여 나라가 기울어지는 데에 원인를 제공했다는 비판을 받고 있다. 그 후 얼마 뒤 자신은 조고에게 모반의 혐의로 투옥되어 혹독한 심문을 당하고 함양咸陽 시장터에서 허리가 베어지는 요참형腰斬刑에 처해짐과 멸족당하는 결과를 가져왔다.

그래서 사마천은 "사람들은 모두 이사가 충성을 다했으나 오형을 받아 죽었다고 한다. 하지만 그 근본을 살펴보면 세속의 평판과는 다르다."라고 하며 그를 강하게 비판하는 것을 서슴거리지 않았다.

천하명문 간축객서

이사는 초나라 상채上蔡[①] 사람이다. 나이가 젊을 때 군郡의 지위가 낮은 관리[②]가 되었다.
어느 날 (이사는) 관사 뒷간에서 쥐가 더러운 것을 먹다가 사람이나 개가 가까이하면 자주 놀라서 두려워하는 것을 보았다. 이사는 창고에 들어가서 창고 안에 있는 쥐를 살펴보았는데, 쌓인 곡식을 먹고 큰 지붕 밑에 살면서 사람과 개를 걱정하는 모습을 나타내지 않았다. 이에 이사가 탄식하며 말했다.
"사람이 현명하고 불초한 것도 비유컨대 쥐와 같을 것이며 스스로 처신하는 데 달려있을 뿐이다."
곧 순경荀卿을 따라서 제왕의 술법을 배웠다. 학문을 이루고 나서 초왕을 헤아려보니 섬기기에 부족했으며, 육국은 모두 허약하여 공로를 세울 수 없을 것이라 여기고 서쪽 진나라로 들어가고자 했다. 순경에게 하직인사를 하며 말했다.
李斯者 楚上蔡[①]人也 年少時 爲郡小吏[②] 見吏舍廁中鼠食不絜 近人犬數驚恐之 斯入倉 觀倉中鼠 食積粟 居大廡之下 不見人犬之憂 於是李斯乃歎曰 人之賢不肖譬如鼠矣 在所自處耳 乃從荀卿學帝王之術 學已成 度楚王不足事 而六國皆弱 無可爲建功者 欲西入秦 辭於荀卿曰

① 上蔡상채

색은 〈지리지〉에서 여남군 상채현을 일러 말한다. "옛날 채나라이고 주나라 무왕의 아우 숙도叔度를 봉한 곳이다. 18대 평후平侯에 이르러 신채新蔡로 옮겼다." 상채와 신채[二蔡]는 모두 여남군에 속했다. 2대 뒤 소후昭侯에 이르러 하채下蔡로 옮겼으며 패군에 속했다. 육국시대에는 초나라 땅이 되었다. 그러므로 초나라 상채라고 했다.

地理志汝南上蔡縣 云 古蔡國 周武王弟叔度所封 至十八代平侯徙新蔡 二蔡皆屬汝南 後二代至昭侯 徙下蔡 屬沛 六國時爲楚地 故曰楚上蔡

② 小吏소리

색은 향鄕의 낮은 관리이다. 유씨가 말했다. "향鄕의 문서를 관장한다."

鄕小史 劉氏云 掌鄕文書

"제가 듣기에 때를 얻으면 게을리하지 말라고 했습니다. 지금은 만승萬乘의 나라들이 다투는 세상이고 유세하는 자들이 국사를 주관합니다.① 지금 진왕은 천하를 삼키고자 하여 제帝라고 칭하고 다스리려고 합니다. 이것은 포의의 사인士人이 분주하게 달릴 때이며 유세하는 자들의 시기②이기도 합니다.
비천한 자리에 처해있으면서도 계획을 이룰 수 없다고 하는 것은 새와 짐승이 고기를 바라만 보는 것이고 사람의 얼굴을 하고 억지로 살아가는 자일뿐입니다.③ 그러므로 비천한 것보다 더 큰 부끄러움④은 없으며 곤궁함보다 더한 슬픔은 없습니다. 오래도록 비천한 지위와 곤궁한 처지에 처하여 세상을 비난하고⑤ 명리를 싫어하며 아무것도 하지 않는 것에 스스로 의탁한다면, 이것은 사인士人의 정情이 아닐 것입니다.⑥ 그러므로 저는 장차 서쪽 진왕에게 가서 유세하려 합니다."

진나라에 이르렀는데 때마침 장양왕莊襄王이 죽었다. 이사는 이에 진나라 재상인 문신후文信侯 여불위의 사인舍人이 되기를 구했다. 여불위는 현명하다고 여기고 임명하여 낭郞으로 삼았다.

斯聞得時無怠 今萬乘方爭時 游者主事① 今秦王欲呑天下 稱帝而治 此布衣馳騖之時而游說者之秋②也 處卑賤之位而計不爲者 此禽鹿視肉人面而能彊行者耳③ 故詬④莫大於卑賤 而悲莫甚於窮困 久處卑賤之位 困苦之地 非世⑤而惡利 自託於無爲 此非士之情也⑥ 故斯將西說秦王矣 至秦 會莊襄王卒 李斯乃求爲秦相文信侯呂不韋舍人 不韋賢之任以爲郞

① 游者主事유자주사

색은 만승의 국가가 우두머리를 다툴 때 유세하는 자는 공로를 세우고 명예를 이룰 수 있으니 마땅히 일을 맡아 주관해야 한다는 말이다. 유씨는 "제후에게 유세하여 돌아다니면서 마땅히 강한 군주를 구해서 섬기는 것이다."라고 했는데, 문장이 우활한 것으로 잘못된 것이다.

言萬乘爭雄之時 游說者可以立功成名 當得典主事務也 劉氏云 游歷諸侯 當覓彊主以事之 於文紆迴 非也

② 秋추

정의 가을은 만물이 성숙한 시기인데 지금은 강성함을 다툴 때이니 또한 유세하는 사인은 시기가 성숙했다는 말이다.

言秋時萬物成熟 今爭彊時 亦說士成熟時

③ 禽鹿視肉 人面而能彊行者耳금록시육 인면이능강행자이

색은 금록禽鹿은 금수禽獸와 같다. 금수는 고기를 보면 다만 먹을 줄 안다는 말이다. 《장자》와 《소자》에서 말한다. "사람이 배우지 않는 것은 비유하면 고기를 보고 다만 먹을 줄만 안다는 것이다." 양자(양웅)의 《법언》에서 말한다. "사람이 배우지 않는다면 짐승과 무엇이 다르겠는가." 유세해서 부귀영화를 취하지 않는 것은 곧 금수와 같이 그저 사람의 얼굴을 가지고 있을 뿐 억지로 행할 뿐이라는 말이다.

禽鹿猶禽獸也 言禽獸但知視肉而食之 莊子及蘇子曰 人而不學 譬之視肉而食 楊子法言曰 人而不學 如禽何異 言不能游說取榮貴 卽如禽獸 徒有人面而能彊行耳

④ 詬후

정의 詬의 발음은 '후[呼后反]'이다. 후詬는 부끄러움이다.

呼后反 恥辱也

⑤ 非世비세

색은 비非는 비방이다. 이른바 처사가 멋대로 의논하는 것이다.

非者 譏也 所謂處士橫議也

⑥ 非士之情也비사지정야

정의 세상의 부귀를 비난하고 그 영화와 이로움을 싫어하며 스스로 아무 일도 하지 않는 것에 의탁하는 것은 사인의 정이 아니고 실제로는 능력이 이에 이르지 못함을 말하는 것이다.

言譏世富貴 惡其榮利 自託於無爲者 非士人之情 實力不能致此也

이사는 이로 인해 진왕에게 유세할 기회를 얻었고 진왕에게 유세해서 말했다.

"서인胥人이란 그 기회를 잃는 자입니다.① 큰 공로를 성취한 자는 비집을 틈만 있으면 잔인하게 이룹니다.② 옛날 진나라 목공穆公이 패자霸者가 되었는데도 끝내 동쪽의 여섯 나라를 합병하지 못한 것은 어째서이겠습니까? 제후들이 아직 많았고 주나라의 덕이 쇠하지 않았기 때문입니다. 그러므로 다섯 명의 패자들이 번갈아 일어나 다시 주나라 왕실을 높였습니다.

진나라 효공孝公 이래로 주나라 왕실은 더욱 미약해지고 제후들은 서로 겸병해서 관동은 여섯 나라가 되었는데, 진나라는 승기를 타고 제후들을 부린 것이 대개 여섯 대代가 되었습니다.③ 지금 제후들이 진나라에 복종하는 것은 비유컨대 마치 군현郡縣과 같습니다.

대저 진나라의 강성함과 대왕의 현명함으로 부뚜막 위를 청소하는 것처럼④ 제후들을 없애고 제왕의 업을 이룩하여 천하를 통일할 수 있으니 이것은 만세에 한 번 있는 때입니다. 지금 게을리해서

서둘러 나아가지 않으면 제후들이 다시 강력해지고 서로 모여 합종을 맹약할 것이니, 비록 황제黃帝의 현명함이 있더라도 겸병하지 못할 것입니다."

李斯因以得說 說秦王曰 胥人者 去其幾也① 成大功者 在因瑕釁而遂忍之② 昔者秦穆公之霸 終不東并六國者 何也 諸侯尙衆 周德未衰 故五伯迭興 更尊周室 自秦孝公以來 周室卑微 諸侯相兼 關東爲六國 秦之乘勝役諸侯 蓋六世矣③ 今諸侯服秦 譬若郡縣 夫以秦之彊 大王之賢 由竈上騷除④ 足以滅諸侯 成帝業 爲天下一統 此萬世之一時也 今怠而不急就 諸侯復彊 相聚約從 雖有黃帝之賢 不能并也

① 胥人者 去其幾也서인자 거기기야

색은 서인胥人은 서리胥吏와 같으며 소인이라는 뜻이다. 거去는 잃음과 같다. 기幾는 움직이는 기미이다. 군자는 기미를 보고 일어나 하루를 기다리지 않는다. 소인은 기미가 움직이는 때를 알지 못하므로 매번 때를 놓친다. 유씨가 기미를 해석하여 강彊(억지로 시키는 것)이라고 한 것은 그릇되었다.

胥人猶胥吏 小人也 去猶失也 幾者 動之微 以言君子見幾而作 不俟終日 小人不識動微之會 故每失時也 劉氏解幾爲彊 非也

② 瑕釁而遂忍之하흔이수인지

색은 제후국에 틈이 있으면 잔인한 마음으로 잘라 없애는 것처럼 내가 장차 진나라를 설득해서 천하를 합병하겠다는 말이다.

言因諸侯有瑕釁 則忍心而翦除 故我將說秦以并天下

정의 서胥는 상相이다. 기幾는 찰察(살피는 것)을 이른다. 관동의 여섯 나라와 진나라가 서로 적敵이 되었으니, (그들) 군주와 신하 사이의 기밀에 모두 틈이 있으면 큰 공로를 성취할 수 있으니 잔인하게 이룬다는 말이다.

胥 相也 幾謂察也 言關東六國與秦相敵者 君臣機密 竝有瑕釁 可成大功 而遂忍之也

③ 蓋六世矣개육세의

정의 진나라 효공, 혜문왕, 무왕, 소왕, 효문왕, 장양왕이다.

秦孝公 惠文公 武王 昭王 孝文王 莊襄王

④ 騷除소제

집해 서광이 말했다. "騷의 발음은 '소埽'이다."

徐廣曰 騷音埽

색은 騷의 발음은 '소埽'이다. 진나라가 천하를 합치고자 하는 것은 마치 밥 짓는 여인이 부뚜막 위가 깨끗하지 못하다고 청소하는 것과 같으니 어려울 것이 없다는 말이다.

騷音埽 言秦欲并天下 若炊婦埽除竈上之不淨 不足爲難

진왕은 이사를 장사長史에 제수하고 그 계책을 들어서 몰래 모사謀士를 보내 금과 옥을 가지고 제후들에게 유세하게 했다. 제후의 이름 있는 사인들이 재물로 종속될 수 있으면 재물을 두텁게 보내

결탁하고, 그러지 않는 자들은 예리한 검으로 찔렀다. 그 군주와 신하들을 이간질하는 계책을 세우고 진왕은 곧 훌륭한 장수들에게 그들의 뒤를 따르게 했다. 진왕은 이사를 객경客卿에 제수했다.

때마침 한韓나라 사람 정국鄭國이 진나라에 와서 이간질하여 관개수로를 만들게 하였는데,① 사업이 끝나고 나서 발각되었다.② 진나라 종친과 대신들이 모두 진왕에게 말했다.

"제후의 사람들로 진나라에 와서 섬기는 자들은 대개 그 나라 군주를 위해 진나라에서 유세하는 간첩일 뿐이니 청컨대 모든 빈객들을 추방하십시오.③"

이사도 의논되어 쫓겨나는 가운데에 끼어 있었다. 곧 이사는 글을 올려서 말했다.④

秦王乃拜斯爲長史 聽其計 陰遣謀士齎持金玉以游說諸侯 諸侯名士可下以財者 厚遺結之 不肯者 利劍刺之 離其君臣之計 秦王乃使其良將隨其後 秦王拜斯爲客卿 會韓人鄭國來間秦 以作注漑渠① 已而覺② 秦宗室大臣皆言秦王曰 諸侯人來事秦者 大抵爲其主游間於秦耳 請一切逐客③ 李斯議亦在逐中 斯乃上書曰④

① 鄭國來間秦 以作注漑渠정국래간진 이작주개거

정의 정국거는 옹주 운양현雲陽縣 서남쪽 25리에서 시작되어 중산中山의 서쪽 호구瓠口에 이르면 거渠가 되어 북산北山 곁에서 동쪽으로 낙수洛水로 쏟아지는데 300여 리 밭에 물을 댔다. 또 이르기를 한韓나라는 진나라 군사를 괴롭히려고 수공水工 정국鄭國을 시켜서 진나라에서 간첩이 되어 관개 도랑을 만들게 해서 사람을 공인으로 쓰게 해서 동쪽으로 정벌하지 못하게 했다고 한다.

鄭國渠首起雍州雲陽縣西南二十五里 自中山西邸瓠口爲渠 傍北山 東注洛三百餘里以溉田 又曰韓苦秦兵 而使水工鄭國間秦作注溉渠 令費人工 不東伐也

② 已而覺이이각

신주 〈하거서〉에 따르면 중간쯤에 발각되었지만 정국이 진나라에도 좋은 것이라고 설득하여 마침내 정국거를 완성했다고 한다.

③ 一切逐客일체축객

색은 일체一切는 일례一例와 같은 것으로 모두 쫓아낸다는 말이다. 체切라고 말한 것은 비유컨대 날카로운 칼로 베는 것과 같아서 한 번 베면 절단되지 않는 것이 없다는 것이다. 《한서》를 해석한 자가 '일체'를 권시權時(임시)라는 뜻으로 보았는데, 또한 뜻을 얻지 못한 것이다.

一切猶一例 言盡逐之也 言切者 譬若利刀之割 一運斤無不斷者 解漢書者以一切爲權時義 亦未爲得也

신주 축객령이 내려진 것은 여불위가 승상에서 면직된 다음이다. 〈이사열전〉 기록처럼 정국거로 인해서가 아니다.

④ 斯乃上書사내상서

정의 시황 10년에 있었다.

在始皇十年

“신이 듣건대 관리들이 객을 쫓아낼 것을 의논한다고 하는데, 가만히 생각해 보니 지나칩니다.

옛날 목공穆公께서는 사인을 구하시어 서쪽 융戎 땅에서 유여由余를 얻었고 동쪽 완宛 땅에서 백리해百里奚를 얻었으며,① 송나라에서 건숙蹇叔을 맞이했고,② 진晉나라에서 비표丕豹와 공손지公孫支를 오게 했습니다.③ 이 다섯 사람은 진秦나라에서 태어나지 않았지만 목공이 등용하여 스무 나라를 합병했고 마침내 서융에서 패자霸者가 되었습니다.④

효공孝公께서는 상앙商鞅의 법을 사용하셔서 풍속을 고치고 습속을 바꾸니, 백성은 넉넉해지고 나라는 부강해졌으며 백성은 쓰이는 것을 즐기고 제후들은 친히 복종했습니다. 초나라와 위魏나라 군사를 사로잡아 1,000리의 땅을 들어 취해서 지금까지 안정되고 강성해졌습니다.

臣聞吏議逐客 竊以爲過矣 昔繆公求士 西取由余於戎 東得百里奚於宛① 迎蹇叔於宋② 來丕豹公孫支③於晉 此五子者 不産於秦 而繆公用之 并國二十 遂霸西戎④ 孝公用商鞅之法 移風易俗 民以殷盛 國以富彊 百姓樂用 諸侯親服 獲楚魏之師 擧地千里 至今治彊

① 得百里奚於宛득백리해어완

색은 〈진본기〉에서 “진헌공晉獻公은 진秦나라에서 백리해를 진목공秦穆公 부인의 잉신媵臣(신부를 따라가는 신복臣僕)으로 삼았는데, 백리해가 도망쳐 완宛 땅으로 달아나자 초나라 시골사람이 붙잡았다.”라고 한 것이, 이것이다.

秦本紀云 晉獻公以百里奚爲秦穆公夫人媵於秦 奚亡走宛 楚鄙人執之 是也

정의 《신서》에서 말한다. "백리해는 초나라 완宛 땅 사람인데 우虞나라에서 벼슬했고 우나라가 망하자 진秦나라로 들어가 오고대부五羖大夫라고 불렀다."

新序云 百里奚 楚宛人 仕於虞 虞亡入秦 號五羖大夫也

신주 〈진본기〉와 〈진세가〉와 《맹자》 등의 기록을 참고하면 정의 의 주석이 사실에 부합한다.

② 迎蹇叔於宋영건숙어송

색은 《진기》에서 또 말한다. "백리해가 목공에게 일러 말하기를 '신은 신의 벗 건숙보다 못합니다. 건숙은 현명하여 (제가) 모르는 것을 대신할 수 있습니다.'라고 했다. 목공이 두터운 폐백으로 맞이해 상대부로 삼았다." 지금 "송나라에서"라고 말했는데, 출처는 자세하지 않다.

秦紀又云 百里奚謂穆公曰 臣不如臣友蹇叔 蹇叔賢而代莫知 穆公厚幣迎之 以爲上大夫 今云於宋 未詳所出

정의 《괄지지》에서 말한다. "건숙은 기주岐州 사람이다. 당시에 송나라에서 유람했다. 그러므로 송나라에서 맞이했다."

括地志云 蹇叔 岐州人也 時游宋 故迎之於宋

③ 來丕豹公孫支내비표공손지

색은 비표丕豹는 진晉나라에서 진秦나라로 달아났는데 《좌전》에 밝힌 글이 있다. 공손지는 이른바 자상子桑이다. 이는 진秦나라 대부이며 진晉나라에서 왔다고 일렀는데, 또한 출처가 보이지 않는다.

丕豹自晉奔秦 左氏傳有明文 公孫支 所謂子桑也 是秦大夫 而云自晉來 亦未見所出

정의 《괄지지》에서 말한다. "공손지는 기주岐州 사람이고 진晉나라에서 유람했으며 뒤에 진秦나라로 돌아갔다."

括地志云 公孫支 岐州人 游晉 後歸秦

④ 霸西戎패서융

색은 〈진본기〉에서 목공은 유여由余의 계책을 사용해 융왕戎王을 정벌하여 12개국을 더하고 땅 1,000리를 열어 마침내 서융의 패자가 되었다고 했다. 여기서는 모두 5명의 공로를 말했으므로 '스무 나라를 합병하고'라고 일렀다. 어떤 곳에는 바꾸어서 '십이十二'로 만들었는데, 잘못되었다.

秦本紀穆公用由余謀 伐戎王 益國十二 開地千里 遂霸西戎 此都言五子之功 故云并國二十 或易爲十二 誤也

혜왕께서는 장의張儀의 계책을 채용하여 삼천三川의 땅을 빼앗고 서쪽으로 파巴와 촉蜀을 합병하고[①] 북쪽으로 상군上郡을 거두었으며,[②] 남쪽으로 한중漢中을 취하여[③] 구이九夷를 포함하고 언鄢과 영郢을 제압했습니다.[④] 동쪽으로 성고成皐[⑤]의 험준한 지형에 의지해 비옥한 땅을 떼어내게 하여, 마침내 여섯 나라의 합종을 헤치고 서쪽을 바라보고 진秦나라를 섬기도록 하니, 베푼 공로가 지금까지 이르고 있습니다.

소왕께서는 범저范雎[⑥]를 얻어 양후穰侯를 파면하고 화양군[⑦]을 축출하여 공실公室(왕실)을 강하게 하며 사문私門의 세력을 막고,

제후들의 땅을 잠식하여[8] 진秦나라로 하여금 제업帝業을 이루도록 했습니다.

이 네 군주께서는 모두 객의 공으로 한 것입니다. 이로 말미암아 살펴본다면 객이 진나라에 무슨 부담이 되겠습니까.

惠王用張儀之計 拔三川之地 西并巴蜀[1] 北收上郡[2] 南取漢中[3] 包九夷 制鄢郢[4] 東據成皐[5]之險 割膏腴之壤 遂散六國之從 使之西面事秦 功施到今 昭王得范雎[6] 廢穰侯 逐華陽[7] 彊公室 杜私門 蠶食[8]諸侯 使秦成帝業 此四君者 皆以客之功 由此觀之 客何負於秦哉

① 拔三川～并巴蜀발삼천～병파촉

색은 살펴보니 혜왕 때 장의張儀는 재상이 되어 한나라 정벌을 청하고 군사를 삼천三川에 내려 보내 동주東周와 서주西周에 다다랐다. 사마착은 촉蜀 땅의 정벌을 청하자 혜왕이 따랐는데 과연 촉을 멸했다. 장의가 죽은 뒤에 무왕은 삼천으로 수레를 통하게 하려고 감무甘茂를 시켜서 의양을 함락했다. 지금 나란히 장의를 이른 것은 장의가 진나라 재상이 되었으므로 비록 사마착이 촉을 멸망시키고 감무가 삼천을 통하게 했더라도 모두 재상에게 공로가 돌아가게 한 것이고 또 삼천은 곧 장의가 먼저 정벌할 것을 청했기 때문이다.

案 惠王時張儀爲相 請伐韓 下兵三川以臨二周 司馬錯請伐蜀 惠王從之 果滅蜀 儀死後 武王欲通車三川 令甘茂拔宜陽 今竝云張儀者 以儀爲秦相 雖錯滅蜀 茂通三川 皆歸功於相 又三川是儀先請伐故也

② 北收上郡북수상군

정의 혜왕 10년 위魏나라에서 상군의 15개 현을 바쳤다.

惠王十年 魏納上郡十五縣

③ 南取漢中남취한중

정의 혜왕 13년 초나라 한중을 공격하여 땅 600리를 빼앗았다.

惠王十三年 攻楚漢中 取地六百里

신주 혜문왕은 중간에 왕으로 호칭을 바꾸어 전원과 후원이 있다. 이때는 혜문왕 후13년이고 초나라 회왕 17년이다. 그 과정은 〈굴원가생열전〉과 〈초세가〉에 자세하다.

④ 包九夷 制鄢郢포구이 제언영

색은 구이는 곧 초나라에 소속된 이夷이다. 〈지리지〉에는 남군 강릉현은 "옛날 초나라 영郢의 도읍이다.'라고 했다. 또 의성현은 '옛 언鄢이다."라고 했다.

九夷卽屬楚之夷也 地理志南郡江陵縣云故楚郢都 又宜城縣云故鄢也

정의 이夷는 파와 촉을 합병하고 상군을 거두고 한중을 취하고 의거義渠와 단리丹犂를 정벌한 것이라는 말이다. 구이九夷는 본래 동이의 아홉 종족인데, 이곳에서 말한 것은 문장의 대체가 그러한 것이다.

夷謂并巴蜀 收上郡 取漢中 伐義渠丹犂是也 九夷本東夷九種 此言者 文體然也

⑤ 成皐성고

정의 하남부 범수현이다.

河南府氾水縣也

⑥ 范雎범저

신주 〈범저채택열전〉의 주인공 범저이다. 《한비자》에는 범저范且라고도 하는데 동일인이다.

⑦ 華陽화양

집해 서광이 말했다. "화華는 다른 판본에는 '섭葉'으로 되어 있다."

徐廣曰 華 一作葉

⑧ 蠶食잠식

색은 고유는 《회남자》에 주석하여 말했다. "잠식은 남은 것 없이 다 먹는 것이다."

高誘注淮南子云 蠶食 盡無餘也

만약 네 군주께서 객들을 물리쳐 안으로 들이지 않고 사인을 멀리하고 등용하지 않았다면, 진나라가 부강하고 이롭게 되는 실상이 없었을 것이며 진나라는 강대하다는 명성이 없었을 것입니다. 지금 폐하께서는 곤산昆山의 옥①을 이르게 하고 수후隨候와 화씨의 보옥②을 가지고 계시며, 명월明月의 구슬을 늘어뜨리고 태아太阿의 검③을 차며 섬리纖離의 말④을 타고 취봉翠鳳의 기를 세우고 영타靈鼉의 북⑤을 세워 놓고 계십니다. 이 보배들은 진나라에서 하나도 생산되지 않거늘 폐하께서는 무엇 때문에 기뻐하십니까?

반드시 진나라에서 생산된 연후에야 좋다고 한다면, 야광夜光 구슬로 조정을 장식하지 못할 것이고, 물소뿔과 상아로 만든 그릇을 애용하지 못할 것이며, 정鄭나라와 위衛나라 여자들로 후궁을 채우지 못할 것이고, 좋은 말인 결제駃騠[⑥]로 밖의 마구간을 채우지 못할 것이며, 강남의 금과 주석을 사용할 수 없을 것이고, 서촉西蜀의 단청으로 채색하지 못할 것입니다.

向使四君卻客而不內 疏士而不用 是使國無富利之實而秦無彊大之名也 今陛下致昆山之玉[①] 有隨和之寶[②] 垂明月之珠 服太阿之劍[③] 乘纖離之馬[④] 建翠鳳之旗 樹靈鼉之鼓[⑤] 此數寶者 秦不生一焉 而陛下說之何也 必秦國之所生然後可 則是夜光之璧不飾朝廷 犀象之器不爲玩好 鄭衛之女不充後宮 而駿良駃騠[⑥]不實外廄 江南金錫不爲用 西蜀丹青不爲采

① 昆山之玉곤산지옥

정의 곤강은 우전국于闐國 동북쪽 400리에 있는데 그 산등성이에서 옥이 나온다.

昆岡在于闐國東北四百里 其岡出玉

② 隨和之寶수화지보

정의 《괄지지》에서 말한다. “분산濆山은 일명 곤산崑山인데 일명 단사구斷蛇丘라고 하며 수주隨州 수현 북쪽 25리에 있다. 《설원》에는 ‘옛날 수후隨侯가 길을 가다가 중간이 끊어진 거대한 뱀을 만났는데, 그 뱀이 신령스럽다고 의심하고 사람을 시켜서 약으로 (치료하여) 봉하게 했다.

뱀은 곧 기어갔으므로 그 뱀이 사는 곳을 단사구斷蛇丘라고 불렀다. 한 해 남짓 되어 뱀이 명주明珠를 물어왔는데, 지름이 한 치인데 뛰어나게 희고 광채가 있는 것을 따라서 수주隨珠라고 불렀다.'라고 했다." 변화의 벽옥璧玉은 진시황이 전국새傳國璽로 만들었다.

括地志云 濆山一名崑山 一名斷蛇丘 在隨州隨縣北二十五里 說苑云 昔隨侯行遇大蛇中斷 疑其靈 使人以藥封之 蛇乃能去 因號其處爲斷蛇丘 歲餘 蛇銜明珠 徑寸 絕白而有光 因號隨珠 卞和璧 始皇以爲傳國璽也

③ 太阿之劍태아지검

집해 〈소진열전〉에 보인다.

見蘇秦傳

색은 《월절서》에서 말한다. "초왕은 구야자歐冶子와 간장干將을 불러서 철검 3개를 만들도록 했다. 첫째는 간장이고 둘째는 막야莫邪이고 셋째는 태아이다."

越絕書曰 楚王召歐冶子干將作鐵劍三 一曰干將 二曰莫邪 三曰太阿也

④ 纖離之馬섬리지마

집해 서광이 말했다. "섬리와 포소蒲梢는 모두 준마의 이름이다."

徐廣曰 纖離 蒲梢 皆駿馬名

색은 모두 말 이름이다. 서광은 《손경자》에 의거해서 설명했다.

皆馬名 徐氏據孫卿子而爲說

⑤ 靈鼉之鼓영타지고

집해 정현은 《월령》에서 주석하였다. "악어가죽은 북에 씌울 수 있다."

鄭玄注月令云 鼉皮可以冒鼓

⑥ 駃騠결제

색은 駃騠의 발음은 '결제決提'이다. 《주서》에서 말한다. "정북正北 지역에서는 결제를 바치는 물건으로 삼는다." 《광아》에서 말한다. "말의 종류이다." 곽경순은 《상림부》에서 주석하였다. "태어난 지 3일 만에 그 어미를 뛰어넘는다."

決提二音 周書曰 正北以駃騠爲獻 廣雅曰 馬屬也 郭景純注上林賦云 生三日而超其母也

후궁을 단장하고 뒤에 도열시키는 것[①]은 마음으로 즐기고 귀와 눈을 즐겁게 하기 위해서인데, 반드시 진나라에서 생산된 것으로 해야 한다면, 이는 완宛 땅의 구슬로 된 비녀와 기璣(옥구슬)를 펼친 귀고리[②]와 동아東阿에서 나는 고운 흰 비단옷이나 수놓은 비단 장식들[③]은 폐하 앞에 올리지 못할 것이며, 습속을 따르면서도 우아하게 바꾸어[④] 아름답고 얌전한 조나라 미녀는 폐하 곁에 세우지 못하게 될 것입니다.

대저 항아리를 치고 질장구를 두드리고[⑤] 쟁箏을 타고 넓적다리를 두드리면서 '오오'라고 부르짖으며 노래하여 귀와 눈을 유쾌하게 하는 것이 참된 진나라 노래입니다. 정나라와 위衛나라의 상간桑間과 소昭[⑥]와 우虞와 무武와 상象은 다른 나라의 음악입니다.

지금 항아리를 두드리고 질장구를 두드리는 음악을 버리고 정나라와 위나라 음악으로 나아가며 쟁箏을 타는 것을 물리치고 소韶나 우虞를 취하고 있는데, 이것은 무엇이겠습니까? 유쾌한 뜻을 마땅히 앞세우는 것이자 보기에도 알맞기 때문입니다.

所以飾後宮充下陳[①]娛心意說耳目者 必出於秦然後可 則是宛珠之簪傅璣之珥[②] 阿縞之衣 錦繡之飾[③]不進於前 而隨俗雅化[④]佳冶窈窕趙女不立於側也 夫擊甕叩缶[⑤]彈箏搏髀 而歌呼嗚嗚快耳(目)者 眞秦之聲也 鄭衛桑間昭[⑥]虞武象者 異國之樂也 今棄擊甕叩缶而就鄭衛 退彈箏而取昭虞 若是者何也 快意當前 適觀而已矣

① 下陳하진

색은 하진下陳은 후열後列과 같다. 《안자》에서 "두 여자가 있는데 몸이 하진下陳으로 들어가게 되기를 바란다."라고 한 것이, 이것이다.

下陳猶後列也 晏子曰 有二女 願得入身於下陳 是也

② 宛珠之簪 傅璣之珥완주지잠 부기지이

색은 宛의 발음은 '완[於阮反]'이고 傅의 발음은 '부附'이다. 완宛은 구슬이 둥글어서 그 비녀를 장식하는 것을 이른다. 부기傅璣는 구슬을 귀고리에 붙이는 것이다. 이珥는 귀막이다. 기璣는 구슬이 둥글지 않은 것이다. 어떤 이는 완주宛珠는 수주隨珠라고 했다. 수隨는 한수漢水 남쪽에 있는데 완도 한수에 가깝다. 그러므로 완이라고 일렀다. 부기는 여인의 장식으로 여자가 다는 귀고리를 기璣(구슬)로 만든 것이며, 모두 진나라에서 나오는 물건이 아니라는 말이다.

宛音於阮反 傅音附 宛謂以珠宛轉而裝其簪 傅璣者 以璣傅著於珥 珥者 瑱也 璣是珠之不圓者 或云宛珠 隨珠也 隨在漢水之南 宛亦近漢 故云宛 傅璣者 女飾也 言女傅之珥 以璣爲之 竝非秦所有物也

③ 錦繡之飾금수지식

집해 서광이 말했다. "제나라 동아현은 증백繒帛이 나오는 곳이다."

徐廣曰 齊之東阿縣 繒帛所出

④ 隨俗雅化수속아화

집해 서광이 말했다. "수속隨俗은 다른 판본에는 '수사修使'로 되어 있다."

徐廣曰 隨俗 一作修使

색은 얌전하고 우아하게 변화해서 풍속과 잘 통하는 것을 이른다.

謂閑雅變化而能通俗也

⑤ 擊甕叩缶격옹고부

색은 《설문》에서 말한다. "옹甕은 물을 긷는 단지이다. 甕의 발음은 '옹[於貢反]'이다. 부缶는 기와 그릇이다. 진나라 사람들은 두드려서 음악의 박자를 맞추었다." 甂의 발음은 '뷰[甫有反]'이다.

說文云 甕 汲缾也 於貢反 缶 瓦器也 秦人鼓之以節樂 甂音甫有反

⑥ 昭소

집해 서광이 말했다. "소昭는 다른 판본에는 '소韶'로 되어 있다."

徐廣曰 昭 一作韶

지금 사람을 취하는 것은 그렇지 않습니다. 옳고 그른 것을 묻지도 않고 굽고 곧은 것을 논하지도 않으며 진나라 것이 아닌 것은 버리고 객이 된 자를 쫓아낸다고 합니다. 그런즉 중요하게 여기는 것은 여색과 음악과 구슬과 옥이고, 가볍게 여기는 것은 인민人民입니다. 이러한 것은 천하에 걸터앉아 제후를 제어하는 방법이 아닙니다.

신이 듣기에 땅이 넓은 자는 곡식이 많고 나라가 큰 자는 사람이 많고 군대가 강하면 군사들이 용감하다고 했습니다. 이는 태산이 흙 한 줌도 사양하지 않아서 그 거대함을 이룰 수 있었고, 하해河海는 개울물도 가리지 않아서 그 깊음으로 나아갈 수 있었음을 말합니다. 왕자王者는 많은 사람을 물리치지 않으므로 그 덕을 밝힐 수 있었습니다.①

이 때문에 (왕자의) 땅에는 사방이 없고 백성은 다른 국가가 없으며, 사계절마다 아름다운 것으로 채우고 귀신(조상)이 복을 내리는 것입니다. 이것이 오제五帝와 삼왕三王에게 대적할 자가 없게 된 까닭입니다.

今取人則不然 不問可否 不論曲直 非秦者去 爲客者逐 然則是所重者在乎色樂珠玉 而所輕者在乎人民也 此非所以跨海內制諸侯之術也 臣聞地廣者粟多 國大者人衆 兵彊則士勇 是以太山不讓土壤 故能成其大 河海不擇細流 故能就其深 王者不卻衆庶 故能明其德① 是以地無四方 民無異國 四時充美 鬼神降福 此五帝三王之所以無敵也

① 太山不讓土壤～故能明其德태산불양토양～고능명기덕

색은 《관자》에서 말한다. "바다는 물을 사양하지 않으므로 그 거대함을 이룰 수 있다. 태산은 흙과 돌을 사양하지 않으므로 그 높음을 이룰 수 있다."《문자》에서 말한다. "성인聖人은 나무꾼의 말도 사양하지 않아서 그 명성을 넓힌다."

管子云 海不辭水 故能成其大 (泰)山不辭土石 故能成其高 文子曰 聖人不讓負薪之言 以廣其名

그런데 지금 백성을 버려 적국敵國에게 자산①을 주고 빈객들을 물리쳐 제후들에게 사업하게 하며, 천하의 사인들을 물리쳐 감히 서쪽으로 향하지 못하게 하고, 발을 묶어 진나라로 들어오지 못하게 하는데, 이는 이른바 약탈자에게 무기를 빌려주고 도둑에게 식량을 대주는 격②입니다.

대저 진나라에서 생산되지 않는 물건이라도 보배로 삼을 수 있는 것이 많고, 진나라에서 태어나지 않은 사인이라도 충성을 원하는 자는 많습니다. 지금 객을 내쫓아 적국에게 자산이 되게 하고 백성을 줄여서 원수에게 더해 준다면, 안으로는 스스로를 비우고, 밖으로는 제후들에게 원한만을 심게 될 것입니다. 이러면 나라를 구하고 위태롭지 않기를 바랄지라도 그렇지 못할 것입니다.③"

今乃棄黔首以資①敵國 卻賓客以業諸侯 使天下之士退而不敢西向 裹足不入秦 此所謂藉寇兵而齎盜糧②者也 夫物不產於秦 可寶者多 士不產於秦 而願忠者衆 今逐客以資敵國 損民以益讎 內自虛而外樹怨於諸侯 求國無危 不可得也③

① 資자

색은 자資는 대주는 것과 같다.

資猶給也

② 藉寇兵而齎盜糧자구병이제도량

색은 藉의 발음은 '자[積夜反]'이고 齎의 발음은 '재[子奚反]'이다. 《설문》에서 "재齎는 가져다주는 것이다."라고 했다. 재齎를 어떤 판본에는 '자資'라고 했는데 뜻이 또한 통한다.

藉音積夜反 齎音子奚反 說文曰 齎 持遺也 齎或爲資 義亦通

③ 臣聞吏議逐客～不可得也신문이의축객～불가득야

신주 이상의 문장은 천하명문으로 꼽히는 이사의 '간축객서諫逐客書'의 내용이다.

진왕은 곧 축객령逐客令을 철회하고 이사를 관직에 복직시켜[①] 마침내 그의 계책과 모략을 채용했다. 관직은 정위廷尉에 이르렀다. 20여 년 뒤에 마침내 천하를 합병하고 임금을 높여 황제皇帝가 되게 하고 이사를 승상으로 삼았다.

군현에 있는 성벽을 허물고 그곳에 있는 병기들을 녹여서 다시 사용하지 않겠다는 뜻을 보였다. 진나라는 한 자의 땅도 봉하지 않았고 아들이나 아우를 세워 왕으로 삼거나 공신을 제후로 삼지 않았는데, 이는 나중에 싸우고 침공하는 근심을 없애기 위해서였다.

秦王乃除逐客之令 復李斯官[1] 卒用其計謀 官至廷尉 二十餘年 竟并天下 尊主爲皇帝 以斯爲丞相 夷郡縣城 銷其兵刃 示不復用 使秦無尺土之封 不立子弟爲王 功臣爲諸侯者 使後無戰攻之患

① 復李斯官복이사관

집해 《신서》에서 말한다. "이사는 쫓겨나던 가운데에 있어서 그 도중에 간하는 글을 올려 진시황에게 이르게 했다. 진시황이 사람을 시켜 쫓아서 여읍驪邑에 이르렀고, 이사는 돌아오게 되었다."

新序曰 斯在逐中 道上上諫書 達始皇 始皇使人逐至驪邑 得還

제二장

잘못 세운 호해

시황제 34년, 함양궁에서 주연을 열었는데 박사博士인 복야僕射 주청신周青臣 등은 시황제의 위엄과 덕을 칭송했다. 제나라 사람 순우월淳于越이 나아가 간언했다.

"신이 듣건대 은나라와 주나라가 1,000여 년을 왕 노릇 한 것은 자제와 공신들을 봉해서 스스로 버팀목으로 삼았기 때문입니다. 지금 폐하께서는 천하를 가지셨지만 자제들은 필부가 되었습니다. 갑자기 (제나라) 전상田常이나 (진晉나라) 육경六卿의 근심이 있다면, 신하의 보필이 없으니 어떻게 서로 구원하겠습니까? 국가의 큰일에 있어서 옛일을 스승으로 섬기지 않고 오래갈 수 있다는 것은 듣지 못했습니다. 지금 주청신 등이 또 면전에서 아첨하여 폐하에게 과오를 거듭하게① 하는 것은 충신이 아닐 것입니다."

시황제는 그 의론을 승상에게 내렸다. 승상은 그(순우월)의 말이 잘못되었으므로 그 말 물리치려고 이에 글을 올려서 아뢰었다.

始皇三十四年 置酒咸陽宮 博士僕射周青臣等頌始皇威德 齊人淳于越進諫曰 臣聞之 殷周之王千餘歲 封子弟功臣自爲支輔 今陛下有海內而子弟爲匹夫 卒有田常六卿之患 臣無輔弼 何以相救哉 事不師古而

能長久者 非所聞也 今青臣等又面諛以重[①]陛下過 非忠臣也 始皇下其議丞相 丞相謬其說 絀其辭 乃上書曰

① 重중

색은 重의 발음은 '총[逐用反]'이다. 중重은 거듭함이다.

重音逐用反 重者 再也

"옛날에 천하는 흩어지고 어지러웠는데 서로 하나로 합할 자가 없었으므로 제후들이 함께 일어났습니다. 말은 모두 옛일을 말해서 지금을 해치고 빈말을 꾸며서 진실을 어지럽히니 사람들은 사사롭게 배운 것들을 좋다고 여기고 위에서 세운 것들을 그르다고 여겼습니다. 지금 폐하께서는 천하를 합쳐서 가지셨고 흰 것과 검은 것들을 구별하셨으며[①] 지존은 한분뿐임을 정하셨습니다.[②] 사사로운 학문은 서로 더불어 법으로 가르치고 제어하는 것을 그르다고 하고, 명령이 내리는 것을 들으면 곧 각자 그 사사로운 학문으로 의논해서 안에서는 마음속으로 비난하고 밖에 나가서는 거리에서 의논하여 군주를 비난하는 것을 명예로 여기고 취향이 다름을 고상하게 여겨서 아래의 무리들을 이끌고 비방을 만듭니다. 이런 것들을 금하지 않으면 군주의 세력은 위에서 떨어지고 당파는 아래에서 만들어질 것이니 금지하는 것이 편리합니다.

신은 여러 문학과 《시詩》와 《서書》와 백가百家의 말을 깨끗이 제거하기를 청합니다. 명령이 내려진지 30일이 되었는데도 버리지 않으면 먹물을 뜨는 형벌을 가해서 성을 쌓는 부역을 시켜야 합니다. 없애지 않을 것들은 의약과 복서卜筮와 농사에 관한 서적일 것입니다. 만약 배우고자 하는 자가 있다면 관리를 스승으로 삼게 해야 합니다."

시황은 그 의론이 옳다고 여기고 《시》와 《서》와 백가百家의 말이 기록된 것들을 거두어 없애서 백성을 어리석게 하여 천하로 하여금 옛날의 사례를 들어서 지금을 그르다고 하는 것을 없게끔 했다.

古者天下散亂 莫能相一 是以諸侯竝作 語皆道古以害今 飾虛言以亂實 人善其所私學 以非上所建立 今陛下并有天下 別白黑[①]而定一尊[②] 而私學乃相與非法教之制 聞令下 卽各以其私學議之 入則心非 出則巷議 非主以爲名 異趣以爲高 率群下以造謗 如此不禁 則主勢降乎上 黨與成乎下 禁之便 臣請諸有文學詩書百家語者 蠲除去之 令到滿三十日弗去 黥爲城旦 所不去者 醫藥卜筮種樹之書 若有欲學者 以吏爲師 始皇可其議 收去詩書百家之語以愚百姓 使天下無以古非今

① 別白黑별백흑

색은 유씨가 말했다. "지난 시대에 국가는 정치를 다르게 하고 집안은 풍속을 다르게 하며 사람들은 사사로이 말을 만들어 그 진실을 분별하지 못했는데, 지금은 곧 백과 흑을 분별하게 되었다."

劉氏云 前時國異政 家殊俗 人造私語 莫辨其眞 今乃分別白黑也

② 定一尊정일존

[색은] 진시황이 여섯 나라를 합병해 천하를 안정시키고 온 천하에서 함께 한 명의 제왕을 높여 세운 것을 운운했다고 일컬은 것이다.

謂始皇并六國 定天下 海內共尊立一帝 故云

법도를 밝히고 율령을 정한 것들은 모두 시황제 때에 일어난 일이었다. 문서文書를 통일하고① 이궁과 별관을 짓고 천하를 두루 돌아다녔다. 다음 해에 또 순수하고 밖으로 사이四夷를 물리쳤는데,② 이사가 모두 힘쓴 것이 있었다.

이사의 장남 유由는 삼천군수가 되었고 여러 아들은 모두 진나라 공주의 배필이 되었으며 딸들은 모두 진나라 공자公子들에게 시집갔다. 삼천군수 이유가 휴가를 얻어 함양咸陽으로 돌아오자 이사가 집안에서 주연을 열었는데 백관의 장長들이 모두 앞에서 장수를 빌었고 문 앞의 수레와 기마는 1,000여 대나 되었다. 이사가 한숨 쉬며 탄식해서 말했다.

"아아! 내가 듣자니 순경荀卿께서 말씀하기를 '사물이 지나치게 성해지는 것을 금해야 한다.'라고 했다. 대저 나는 상채上蔡의 포의로서 마을의 한 백성에 지나지 않았는데 주상께서는 내가 노둔하고 천한 사람인 것을 모르시고 마침내 발탁하셔서 지금에 이르게 하셨다. 지금 신하 지위에서는 나보다 윗자리에 있는 자가 없으니, 부귀가 지극하다고 이를 수 있다. 사물은 지극하면 쇠퇴하는 것인데 나는 멍에를 벗을지③ 모르겠구나!"

明法度 定律令 皆以始皇起 同文書[①] 治離宮別館 周徧天下 明年 又巡狩 外攘四夷[②] 斯皆有力焉 斯長男由爲三川守 諸男皆尙秦公主 女悉嫁秦諸公子 三川守李由告歸咸陽 李斯置酒於家 百官長皆前爲壽 門廷車騎以千數 李斯喟然而歎曰 嗟乎 吾聞之荀卿曰 物禁大盛 夫斯乃上蔡布衣 閭巷之黔首 上不知其駑下 遂擢至此 當今人臣之位無居臣上者 可謂富貴極矣 物極則衰 吾未知所稅駕也[③]

① 同文書동문서

정의 육국은 제도와 명령이 같지 않았는데 지금 같아지게 한 것이다.

六國制令不同 今令同之

② 明年 又巡狩 外攘四夷명년 우순수 외양사이

신주 《사기지의》에서 말한다. “시황 35년에는 순수한 일이 없고, 사이를 물리친 것 또한 이 해에 있지 않다.”

③ 稅駕也탈가야

색은 탈가稅駕는 해가解駕와 같고 휴식한다는 말이다. 이사의 말은 자기는 오늘날 부귀가 이미 지극하지만, 향후 길하고 흉한 것이 어느 곳에 머물러 있을지 모른다는 것이다.

稅駕猶解駕 言休息也 李斯言己今日富貴已極 然未知向後吉凶止泊在何處也

시황제 37년 10월, 시황제가 순수에 나서 회계會稽를 유람하고 바닷가를 따라 북쪽으로 가서 낭야琅邪①에 이르렀다. 승상 이사와 중거부령中車府令 조고趙高는 부새령符璽令의 일을 겸하여 모두 따랐다.

시황제에게는 20여 명의 아들이 있었다. 장자 부소扶蘇가 자주 주상에게 곧게 간하자, 주상은 (부소에게) 상군上郡②에서 군사를 감독하게 했고 몽염蒙恬을 장군으로 삼았다. 작은 아들 호해胡亥는 총애를 받았으므로 수행을 청하자 주상이 허락했다. 나머지 아들들은 따르는 자가 없었다.③

그해 7월, 시황제는 사구沙丘④에 이르러 병이 심해지자 조고에게 명을 내려 공자 부소에게 내리는 서신에서 말했다.

"군사를 몽염에게 속하게 하고 함양에 모여 상喪을 맞아 장례를 치르도록 하라."

서신이 만들어지자 봉하고는 미처 사자에게 주지 못했는데 시황제가 붕어했다. 서신과 옥새는 모두 조고가 거처하는 곳에 있었다. 오직 아들 호해와 승상 이사, 조고 및 총애하는 환관 5, 6명만 시황제가 붕어했다는 것을 알았고 나머지 신하들은 모두 알지 못했다.

이사는 주상이 밖에 있다가 붕어했으니 진정한 태자가 없다고 여겨서 비밀에 부쳤다. 이에 시황제의 시신을 온량거轀輬車⑤ 안에 안치하게 하고 모든 관리들이 일을 아뢰고 식사를 올리는 것을 예전처럼 하게 했다. 환관들이 번번이 온량거를 따르면서 안에서 아뢴 모든 일을 재가했다.⑥

始皇三十七年十月 行出游會稽 竝海上 北抵琅邪[①] 丞相斯中車府令趙高兼行符璽令事 皆從 始皇有二十餘子 長子扶蘇以數直諫上 上使監兵上郡[②] 蒙恬爲將 少子胡亥愛 請從 上許之 餘子莫從[③] 其年七月 始皇帝至沙丘[④] 病甚 令趙高爲書賜公子扶蘇曰 以兵屬蒙恬 與喪會咸陽而葬 書已封 未授使者 始皇崩 書及璽皆在趙高所 獨子胡亥丞相李斯趙高及幸宦者五六人知始皇崩 餘群臣皆莫知也 李斯以爲上在外崩 無眞太子 故祕之 置始皇居轀輬車[⑤]中 百官奏事上食如故 宦者輒從轀輬車中可諸奏事[⑥]

① 琅邪낭야

정의 지금의 기주沂州이다.

今沂州

② 上郡상군

정의 상군 고성은 유주綏州 상현 동남쪽 50리에 있다.

上郡故城在綏州上縣東南五十里

③ 餘子莫從여자막종

집해 변사辯士가 성명을 숨기고 진나라 장수 장함章邯에게 편지를 보내서 이르기를 "이사는 진왕이 죽자 17명의 형을 폐하고 지금의 왕을 세웠다."라고 했다. 그렇다면 이세 황제는 곧 진시황의 18번째 아들이다. 이 편지는 《선문》 가운데 있다.

辯士隱姓名 遺秦將章邯書曰 李斯爲秦王死 廢十七兄而立今王也 然則二世是

秦始皇第十八子 此書在善文中

④ 沙丘사구

정의 사구대는 형주邢州에 있다.

沙丘臺在邢州

⑤ 轀輬車온량거

집해 서광이 말했다. "다른 판본에는 '치거輜車'로 되어 있다."

徐廣曰 一作輜車

⑥ 轀輬車中可諸奏事온량거중가제주사

집해 문영이 말했다. "온량거는 지금의 상여수레와 같다." 맹강이 말했다. "옷수레와 같고 창문이 있어서 닫으면 따뜻하고 열면 서늘하다. 그러므로 이름을 '온량거'라고 한 것이다." 여순이 말했다. "온량거는 그 형체가 광대하고 깃털 장식이 있다."

文穎曰 轀輬車如今喪轜車也 孟康曰 如衣車 有窗牖 閉之則溫 開之則涼 故名之 轀輬車也 如淳曰 轀輬車 其形廣大 有羽飾也

이로 인해 조고는 부소에게 내리는 새서璽書①를 보류시키고 공자 호해에게 말했다.

"주상께서 붕어하셨는데, 어떤 아들을 왕으로 봉한다는 조서는 없지만 유독 장자에게 서신을 남겼소. 장자가 이르면 곧바로 뒤를 이어 황제가 되어 그대는 한 자 한 치의 땅도 없게 될 것인데 어떻게 하겠소?"

호해가 말했다.

"그렇군요. 내가 듣건대 현명한 군주는 신하를 알고 현명한 아버지는 아들을 안다고 했습니다. 아버지께서 세상을 떠나시면서 여러 아들을 봉하지 않았는데 무슨 말을 할 수 있겠소."

조고가 말했다.

"그렇지 않습니다. 바야흐로 현재 천하의 권세가 존재하고 멸망하는 것이 공자와 저와 승상에게 있을 뿐이니 원컨대 공자께서 헤아려 보십시오. 대저 남을 신하로 삼는 것과 남에게 신하가 되는 것, 남을 제재하는 것과 남에게 제재를 당하는 것인데 어찌 같은 날②이라고 말할 수 있겠습니까."

호해가 말했다.

"형을 폐하고 동생이 서는 것은 불의입니다. 아버지의 조서를 받들지 않고 죽음을 두려워하는 것은 불효입니다. 능력은 적고 재주는 얕은데③ 억지로 남의 공을 따르는 것은 능력이 아닙니다. 세 가지는 덕을 거스르는 것이니 천하는 복종하지 않을 것입니다. 자신은 거의 위태롭게 기울어질 것이고 사직에 제사를 올리지④ 못할 것입니다."

趙高因留所賜扶蘇璽書① 而謂公子胡亥曰 上崩 無詔封王諸子而獨賜長子書 長子至 卽立爲皇帝 而子無尺寸之地 爲之柰何 胡亥曰 固也 吾聞之 明君知臣 明父知子 父捐命 不封諸子 何可言者 趙高曰 不然 方今天下之權 存亡在子與高及丞相耳 願子圖之 且夫臣人與見臣於人 制人

與見制於人 豈可同日[2]道哉 胡亥曰 廢兄而立弟 是不義也 不奉父詔而畏死 是不孝也 能薄而材譾[3] 彊因人之功 是不能也 三者逆德 天下不服 身殆傾危 社稷不血食[4]

① 璽書새서

신주 황제의 도장을 찍은 문서이다. 즉 결재가 끝난 조서詔書이다.

② 同日동일

신주 '같은날 형 부소와 함께'라는 뜻이다. 즉 진시황의 장자 부소와 막내아들 호해가 황제의 자리를 두고 둘다 같은 황제의 자리를 차지할 수 없다는 것을 말한다.

③ 譾전

집해 《사기음은》에서 '전[宰顯反]'으로 발음한다고 했다.

史記音隱宰顯反

색은 《한서음의》에서 '진[宰殄反]'으로 발음한다고 했다. 유씨는 '전[將淺反]'으로 발음한다고 했고, 전譾은 또한 얕다는 뜻이다. 옛사람의 말부터 무겁고 가벼운 것이 있어서 문자도 다른 뜻이 있게 되었다.

音義云宰殄反 劉氏音將淺反 則譾亦淺義 古人語自有重輕 所以文字有異

④ 血食혈식

신주 제물을 바쳐 제사를 지내는 것을 말한다. 고대에는 제사 지낼 때 산 짐승을 죽여 피를 얻어서 제물로 사용하였다.

조고가 말했다.

"신이 듣기에 탕왕과 무왕은 그 군주를 죽였는데 천하는 의롭다고 일컬었지 불충이라고 하지 않았습니다. 위衛나라 군주는 그 아버지를 죽였는데[①] 위나라는 그 덕을 기록했고 공자께서도 이를 드러내 불효라고 하지 않았습니다. 대저 큰 것을 행할 때는 작은 것을 삼가지 않고 성대한 덕은 사양하지 않으며 시골구석에도 각각 마땅한 것이 있는 것처럼 모든 관리들은 공이 똑같지 않습니다. 그러므로 작은 것을 돌아보면서 큰 것을 잊으면 뒤에 반드시 해로움이 있을 것이며, 여우처럼 의심하여 망설이고 주저한다면 뒤에 반드시 뉘우침이 있을 것입니다. 결단을 내려서 과감하게 행한다면 귀신도 피할 것이고 뒤에는 공을 이룰 수 있을 것입니다. 원컨대 그대는 완수하십시오."

호해가 한숨 쉬며 한탄하여 말했다.

"지금 대행大行[②]을 아직 발표하지 않았고 상례도 끝마치지 않았는데, 어찌 이러한 일에 승상을 간여하게 하는 것이 옳겠습니까?"

조고가 말했다.

"때가 때인지라 시간을 두면 도모하지 못할 것입니다! 양식을 지고 말을 달려도 오직 때가 뒤처질까 두렵습니다."

高曰 臣聞湯武殺其主 天下稱義焉 不爲不忠 衛君殺其父[①] 而衛國載其德 孔子著之 不爲不孝 夫大行不小謹 盛德不辭讓 鄉曲各有宜而百官不同功 故顧小而忘大 後必有害 狐疑猶豫 後必有悔 斷而敢行 鬼神避之 後有成功 願子遂之 胡亥喟然歎曰 今大行[②]未發 喪禮未終 豈宜以此事干丞相哉 趙高曰 時乎時乎 間不及謀 贏糧躍馬 唯恐後時

① 衛君殺其父 위군살기부

신주 위나라 역사에 그런 일은 없었다. 호해가 역사에 밝지 않은 점을 노리고 조고가 만들어낸 말일 것이다.

② 大行 대행

신주 시호를 올리기 전의 군주의 상喪을 말한다. 물론 진나라는 군주에 대한 시호를 없앴으니 시호는 올리지 않았다. 하지만 시황제가 승하했다는 발표를 할 때 시황제의 상을 뜻하는 용어가 필요하므로 대행이란 표현을 한 것이다.

호해는 조고의 말을 그럴듯하다고 여겼다. 조고가 말했다.

"승상과 함께 모의하지 않는다면 아마 일이 성사되지 못할 것입니다. 신이 청컨대 그대를 위해 승상과 모의하겠습니다."

조고는 곧 승상 이사에게 말했다.

"주상이 붕어할 때 장자에게 주는 서신에는 함양에 모여 상喪을 함께 치르고 후계자에 서라고 하셨습니다. 서신을 보내지 않았는데 지금 주상이 붕어하셔서 (서신에 대해) 아는 자가 없습니다. 장자에게 주는 서신과 부절과 옥새는 모두 호해의 처소에 있습니다.[①] 태자가 정해지는 것은 군후君侯(이사)와 제 입에 달려 있을 뿐입니다. 일을 장차 어찌하면 되겠습니까?"

이사가 말했다.

"어찌하여 나라를 망칠 말씀을 하시오! 이는 신하로서 마땅히 의논할 바가 아니오!"
조고가 말했다.
"군후께서 스스로 헤아려보면 능력이 몽염보다 낫습니까? 공이 몽염보다 높습니까? 먼 일을 계획하는 데 몽염보다 실수가 없습니까? 천하에 몽염보다 원한이 없습니까? 장자께서 오래도록 사귀어 신뢰하는 것이 몽염보다 낫습니까?"
이사가 말했다.
"이 다섯 가지는 모두 몽염에게 미치지 못하지만 그대는 어찌 이토록 심하게 책망하시오?"
胡亥旣然高之言 高曰 不與丞相謀 恐事不能成 臣請爲子與丞相謀之 高乃謂丞相斯曰 上崩 賜長子書 與喪會咸陽而立爲嗣 書未行 今上崩 未有知者也 所賜長子書及符璽皆在胡亥所① 定太子在君侯與高之口耳 事將何如 斯曰 安得亡國之言 此非人臣所當議也 高曰 君侯自料能孰與蒙恬 功高孰與蒙恬 謀遠不失孰與蒙恬 無怨於天下孰與蒙恬 長子舊而信之孰與蒙恬 斯曰 此五者皆不及蒙恬 而君責之何深也

① 所賜長子書及符璽皆在胡亥所소사장자서급부새개재호해소

신주 조고의 처소에 있는 것을 호해의 처소에 있다고 거짓말한 것이다. 이사를 겁박해 자신을 따르게 하려는 것이다.

조고가 말했다.

"저는 본래 환관의 심부름꾼[①]이었습니다. 다행히 문서를 정리하는[②] 재주가 있어서 진나라 궁에 들어가 그 일을 관장한 지 20여 년이 되었습니다. 그런데 일찍이 진나라에서 파면된 승상이나 공신들은 봉작이 있어도 2대에 이르는 것을 보지 못했고 끝내 모두 처벌되어 망했습니다. 황제에게는 20여 명의 자식이 있는데 모두 군君께서 아시는 바입니다. 장자는 굳세고 강직하며 무용이 있고 사람을 믿고 군사들을 분발시키니, 즉위하면 반드시 몽염을 등용하여 승상으로 삼을 것이고 군후께서는 마침내 통후通侯의 인수[③]도 품지 못하고 고향으로 돌아갈 것이 명백합니다. 저는 조서를 받고 호해를 익히 가르쳐 법률을 배우게 한 지가 몇 년인데 일찍이 과실이 있는 것을 보지 못했습니다. 그는 인자하고 행실이 돈독하며, 재물을 가볍게 여기고 사인을 중히 여기며, 마음속으로는 말을 잘 하지만 말을 삼가며 예를 다하고 사인을 공경하니, 진나라 여러 아들 가운데 이에 미칠 자가 있지 않습니다. 후계자로 삼을 만합니다. 군께서는 헤아려 결정하십시오."

이사가 말했다.

"군君께서는 자리로 돌아가시오! 저는 군주의 조서를 받들고 하늘의 명령을 들을 것인데 무엇을 생각하고 결정할 수 있겠소."

조고가 말했다.

"편안한 것은 위험해질 수 있고 위험한 것은 편안해질 수 있습니다. 편안하고 위험한 것이 정해지지 않았는데, 무엇이 귀하고 성스러운 것이겠습니까?"

高曰 高固內官之廝役[1]也 幸得以刀筆之文[2]進入秦宮 管事二十餘年 未嘗見秦免罷丞相功臣有封及二世者也 卒皆以誅亡 皇帝二十餘子 皆君之所知 長子剛毅而武勇 信人而奮士 卽位必用蒙恬爲丞相 君侯終不懷通侯之印[3]歸於鄕里 明矣 高受詔教習胡亥 使學以法事數年矣 未嘗見過失 慈仁篤厚 輕財重士 辯於心而詘於口 盡禮敬士 秦之諸子未有及此者 可以爲嗣 君計而定之 斯曰 君其反位 斯奉主之詔 聽天之命 何慮之可定也 高曰 安可危也 危可安也 安危不定 何以貴聖

① 廝役사역

신주 남의 심부름꾼, 곧 하인이다.

② 刀筆之文도필지문

신주 문서를 정리하고 공문을 작성하는 하급관리이다.

③ 通侯之印통후지인

신주 통후는 열후列侯의 뜻으로, 곧 제후가 되어 인수를 받는 것이다.

이사가 말했다.
"저는 상채의 일반 백성이었소. 주상께서 다행히 발탁하여 승상으로 삼으셨고 봉하여 통후로 삼으셨으며 자손들은 모두 지위가 높고 녹봉도 많소. 그러므로 장차 존재하고 멸망하고 편안하고 위태한 것들을 신에게 부탁하신 것이오. 어찌 배신할 수 있겠소. 대저 충신이란 위태로운 기미가 있으면 죽음을 피하지 않고① 효자는 (부모가) 위독함을 보면 힘껏 노력하지 않을 수 없고 신하는 각각 그 직분을 지켜 할일을 다할 따름이오. 군께서는 이를 다시 말해서 장차 저에게 죄를 얻지 않게 하시오."

조고가 말했다.

"대개 들으니 성인聖人은 옮겨 다니시는 데 정해진 것이 없고 변화를 좇고 때를 따르며, 말단을 보고도 근본을 알며 가리키는 것을 보면 돌아갈 곳을 본다고 했습니다. 사물은 진실로 그러한 것을 지녔거늘 어찌 정해진 법도가 있겠습니까. 바야흐로 천하의 권세와 운명은 호해에게 달려 있고, 저는 뜻을 얻을 수 있습니다.

또 밖을 따라서 안을 제어하는 것을 미혹이라 이르고, 아래를 따라 위를 제어하는 것을 해친다고 합니다.② 그러므로 가을에 서리가 내리면 풀과 꽃이 떨어지고 물이 요동치면 천하 만물이 일어나는 것③이니 이는 필연의 효과입니다. 군께서는 어찌하여 보는 것이 늦으십니까."

斯曰 斯 上蔡閭巷布衣也 上幸擢爲丞相 封爲通侯 子孫皆至尊位重祿者 故將以存亡安危屬臣也 豈可負哉 夫忠臣不避死而庶幾① 孝子不勤勞而見危 人臣各守其職而已矣 君其勿復言 將令斯得罪 高曰 蓋聞聖人遷徙無常 就變而從時 見末而知本 觀指而覩歸 物固有之 安得常法哉 方今天下之權命懸於胡亥 高能得志焉 且夫從外制中謂之惑 從下制上謂之賊② 故秋霜降者草花落 水搖動者萬物作③ 此必然之效也 君何見之晚

① 忠臣不避死而庶幾충신불피사이서기

색은 이사의 말은 충신의 절개는 본래 죽음을 피하지 않는다는 것이다. 자신은 오늘 또한 위태로운 기미가 있으면 충성을 다하고 죽음을 피하지 않겠다는 말이다.

斯言忠臣之節 本不避死 言己今日亦庶幾盡忠不避死也

② 從外制中謂之惑 從下制上謂之賊종외제중위지혹 종하제상위지적

신주 밖은 부소를 안은 호해를 가리키며, 아래는 이사와 조고를 가리키고 위는 황제의 자리에 올리려는 호해를 가리킨다.

③ 水搖動者萬物作수요동자만물작

색은 수요水搖란 얼음이 녹으면 물이 움직이는 것이며 이것은 봄에 만물이 다 살아난다는 것을 이른다.

水搖者 謂冰泮而水動也 是春時而萬物皆生也

이사가 말했다.

"내가 듣기에 진晉나라에서는 태자를 바꾸니[①] 삼대가 불안했소. 제나라 환공의 형제들이 자리를 다투어[②] 몸은 죽고 치욕스럽게 되었소. 주紂가 친척을 살해하고[③] 간하는 말을 듣지 않아 국가는 폐허가 되었고 마침내 사직이 위태로워졌소. 세 군주는 하늘을 거역했으니 종묘에 제사를 올리지 못했소. 저는 오히려 사람에 불과한데[④] 어찌 족히 모반을 하겠소!"

조고가 말했다.

"위아래가 (마음을) 합쳐 함께하면 오래도록 할 수 있고 안팎이 하나가 되면 일에는 겉과 속이 없어집니다. 군께서 신의 계획을 들어준다면, 곧 길이 후작에 봉해져서 대대로 고孤(제후의 자칭)를 칭하고 반드시 왕자 교喬와 적송자赤松子 같은 장수와 공자孔子와 묵적墨翟의 지혜를 갖게 될 것입니다. 지금 이것을 버리고 따르지 않는다면 재앙은 자손에게까지 미칠 것이니 한심하게 되기에 족할 것입니다. 선한 자는 재앙을 기회삼아 복을 만든다는데 군께서는 어디에 처하시렵니까?"

이사는 하늘을 우러러 탄식하고, 눈물을 흘리며 크게 한숨 쉬고 말했다.

"아아! 홀로 어지러운 세상을 만났는데 이미 죽을 수도 없으니, 어디에 목숨을 맡길 것인가!"

이에 이사는 조고의 계책을 받아들였다. 조고는 곧 호해에게 보고했다.

"신이 태자의 밝은 명을 받들어 승상에게 보고하여 청했는데 승상 이사가 감히 명령을 받들지 않겠습니까!"

斯曰 吾聞晉易太子① 三世不安 齊桓兄弟爭位② 身死爲戮 紂殺親戚③ 不聽諫者 國爲丘墟 遂危社稷 三者逆天 宗廟不血食 斯其猶人哉④ 安足爲謀 高曰 上下合同 可以長久 中外若一 事無表裏 君聽臣之計 卽長有封侯 世世稱孤 必有喬松之壽 孔墨之智 今釋此而不從 禍及子孫 足以爲寒心 善者因禍爲福 君何處焉 斯乃仰天而歎 垂淚太息曰 嗟乎 獨遭亂世 旣以不能死 安託命哉 於是斯乃聽高 高乃報胡亥曰 臣請奉太子之明命以報丞相 丞相斯敢不奉令

① 晉易太子진역태자

정의 신생申生을 폐하고 해제奚齊를 세운 것을 이른다.

謂廢申生 立奚齊也

신주 진晉나라 헌공獻公이 태자 신생을 폐한 일을 말한다.

② 兄弟爭位형제쟁위

정의 소백과 공자 규糾를 이른다.

謂小白與公子糾

③ 紂殺親戚주살친척

정의 왕자 비간을 죽이고 기자箕子를 가둔 일을 이른다.

謂殺比干 囚箕子

④ 斯其猶人哉사기유인재

색은 나는 오늘까지 올바른 사람들과 같이 인도人道를 지켜 따르게 했는데 어찌 역모를 꾸밀 수 있겠느냐는 말이다. 그래서 아래에서 "어찌 족히 모반을 하겠소!"라고 말한 것이다.

言我今日猶是人 人道守順 豈能爲逆謀 故下云 安足與謀

> 이에 서로 모의해, 거짓으로 시황제의 조서를 내려받은 것으로 만들어 승상이 아들 호해를 세워서 태자로 삼았다.[①] 장자 부소에게 줄 서신 고쳐서 이렇게 말했다.

“짐이 천하를 순회하고 명산의 여러 신에게 빌어 수명을 연장하려고 했다. 지금 부소와 장군 몽염은 군사 수십만 명을 이끌고 변방에 주둔한 지 10여 년인데, 진격하여 나아가지 못하면서 사졸을 많이 잃었고 한 자 한 치의 공도 없다. 그런데도 도리어 자주 글을 올려 직접 내가 하는 일을 비방했으며, 군대를 파하고 돌아와서 태자가 되지 못한 것을 밤낮으로 원망했다.
부소는 사람의 자식이 되어 불효했으니 그에게 검을 하사하여 자결케 하노라! 장군 몽염은 부소와 밖에 거처하여 올바르게 바로잡지 못했으며 모의하는 것만 마땅한 것으로 알았다. 신하가 되어 불충했으니 죽음을 내린다. 군사를 비장 왕리王離에게 맡기라.”
황제의 옥새를 찍어 그 서신을 봉하고, 호해의 객에게 서신을 받들고 가서 상군에서 부소에게 내리게 했다.
사자가 도착하자, 서신을 펴본 부소는 울면서 안의 관사로 들어가 자살하고자 했다. 몽염은 부소를 중지시키면서 말했다.
“폐하께서 밖에 계시는데 태자를 세우지 않으셨고, 신으로 하여금 30만 명의 군사를 거느리고 변방을 지키게 하시고 공자께서 감독하게 하셨으니, 이것은 천하의 중대한 임무입니다. 지금 사신 한 명이 와서 곧 자살하라고 하는데 어찌 그것이 거짓이 아님을 알겠습니까. 청컨대 다시 청하고 다시 청한 연후에 죽어도 늦지 않을 것입니다.”
사자는 수차 독촉했다. 부소는 사람됨이 어질었다. 몽염에게 일러 말했다.

"아버지께서 아들에게 죽음을 내렸는데 오히려 어찌 다시 청하겠소!"
곧 자살했다. 몽염이 죽음에 수긍하지 않자, 사자는 곧 관리에게 부탁해 양주陽周②에 가두어 놓았다.

於是乃相與謀 詐爲受始皇詔 丞相立子胡亥爲太子① 更爲書賜長子扶蘇曰 朕巡天下 禱祠名山諸神以延壽命 今扶蘇與將軍蒙恬將師數十萬以屯邊 十有餘年矣 不能進而前 士卒多秏 無尺寸之功 乃反數上書直言誹謗我所爲 以不得罷歸爲太子 日夜怨望 扶蘇爲人子不孝 其賜劍以自裁 將軍恬與扶蘇居外 不匡正 宜知其謀 爲人臣不忠 其賜死 以兵屬裨將王離 封其書以皇帝璽 遣胡亥客奉書賜扶蘇於上郡 使者至 發書 扶蘇泣 入內舍 欲自殺 蒙恬止扶蘇曰 陛下居外 未立太子 使臣將三十萬衆守邊 公子爲監 此天下重任也 今一使者來 卽自殺 安知其非詐 請復請 復請而後死 未暮也 使者數趣之 扶蘇爲人仁 謂蒙恬曰 父而賜子死 尙安復請 卽自殺 蒙恬不肯死 使者卽以屬吏 繫於陽周②

① 於是乃相與謀～爲太子어시내상여모～위태자

신주 〈진시황본기〉에서는 "조고는 공자 호해, 승상 이사와 몰래 모의해 시황제가 공자 부소에게 내린 봉서를 파기해 없애 버리고 다시 거짓으로 승상 이사가 시황제의 유조를 사구에서 받은 것으로 만들어 아들 호해를 세워 태자로 삼았다.[高乃與公子胡亥丞相斯陰謀破去始皇所封書賜公子扶蘇者 而更詐為丞相斯受始皇遺詔沙丘 立子胡亥為太子]"고 말한다. 중화서국본은 '詐爲受始皇詔丞相, 立子胡亥爲太子'로 구두점을 찍었으나 이 경우 '시황제의 거짓 조서를 승상이 받아서 아들 호해를 세워서 태자로 삼았다'

가 되므로 '詐爲受始皇詔, 丞相立子胡亥爲太子'로 구두점을 찍고 번역도 그에 따랐다.

① 陽周양주

집해 서광이 말했다. "상군에 속한다."

徐廣曰 屬上郡

정의 양주는 영주 나천현의 읍이다.

陽周 寧州羅川縣之邑也

조고가 권력을 전횡하다

사자가 돌아와서 상황을 보고하자 호해와 이사와 조고는 크게 기뻐했다. 함양에 이르러 상喪을 치르고 태자 호해를 세워 이세황제로 삼았다. 조고를 낭중령郎中令으로 삼으니 항상 시중侍中으로 전권을 행사했다. 이세는 한가하게 있으면서① 조고를 불러 함께 일을 모의하면서 말했다.

"대저 사람이 태어나 세상에 사는 것이란, 비유하면 마치 여섯 마리 말이 달려서 문틈으로 지나가는 것과 같소. 나는 이미 천하에 군림해 있으니 귀와 눈으로 좋아하는 바를 다하고 마음에서 즐거워하는 바를 다하여, 종묘를 편안하게 하고 만백성을 즐겁게 해서 길이 천하를 가지고 나의 수명을 끝마치고자 하는데, 그 길을 갈 수 있겠소?"

조고가 말했다.

"이것은 현명한 군주는 행할 수 있지만 어둡고 어지러운 군주는 금하는 것입니다. 신이 말씀드리기를 청하고 감히 부월의 처벌② 이라도 피하지 않겠습니다. 원컨대 폐하께서는 잠시 마음에 두십시오. 대저 사구沙丘에서의 계책에 대해 여러 공자와 대신들은 모두 의심하고 있습니다. 공자들은 모두 황제의 형들이고 대신들은 또 선제께서 임명한 자들입니다.

지금 폐하께서 처음으로 제위에 오르셨으나 이들은 마음속으로 불평하면서[3] 모두 복종하지 않으니 변란을 일으킬까 두렵습니다. 또 몽염은 이미 죽었지만 몽의蒙毅는 군사를 거느리고 밖에 있으니[4] 신은 두렵고 두려워 오직 천수를 누리지 못할까 걱정입니다. 장차 폐하께서 어찌 이러한 즐거움을 얻을 수 있겠습니까."

使者還報 胡亥斯高大喜 至咸陽 發喪 太子立爲二世皇帝 以趙高爲郎中令 常侍中用事 二世燕居[1] 乃召高與謀事 謂曰 夫人生居世間也 譬猶騁六驥過決隙也 吾旣已臨天下矣 欲悉耳目之所好 窮心志之所樂 以安宗廟而樂萬姓 長有天下 終吾年壽 其道可乎 高曰 此賢主之所能行也 而昏亂主之所禁也 臣請言之 不敢避斧鉞之誅[2] 願陛下少留意焉 夫沙丘之謀 諸公子及大臣皆疑焉 而諸公子盡帝兄 大臣又先帝之所置也 今陛下初立 此其屬意怏怏[3]皆不服 恐爲變 且蒙恬已死 蒙毅將兵居外[4] 臣戰戰栗栗 唯恐不終 且陛下安得爲此樂乎

① 燕居연거

신주 한가히 있다는 뜻이다.

② 斧鉞之誅부월지주

신주 도끼로 죽이는 것이다. 곧 벌을 받는다는 뜻이다.

③ 屬意怏怏촉의앙앙

신주 마음을 잇대어 앙앙대는 것이다. 곧 불평불만을 가진 것이다.

④ 蒙恬已死 蒙毅將兵居外몽염이사 몽의장병거외

신주 몽의는 진국의 장수였던 몽무蒙武의 아들이자 몽염의 동생이다. 몽염은 무신으로서 주로 밖에서 군사를 관장했다면 몽의는 문신으로서 조정에서 시황을 보좌해 벼슬이 상경上卿에 이르렀다. 시황은 그를 자신의 수레에 태울 정도로 신임했는데, 이세황제가 즉위한 후 조고의 모함을 받아 구금되고 살해되었다.

> 이세가 말했다.
> "어떻게 해야 하오?"
> 조고가 말했다.
> "법을 엄하게 하고 형벌을 가혹하게 해서 죄가 있는 자는 서로 연좌시켜 처단하고 그 일족을 체포하는 데까지 이르도록 명령하시며, 대신들을 없애고 골육들을 멀리하고, 가난한 자들을 부유하게 하고 천한 자들을 귀하게 해야 합니다. 선제의 옛 신하들을 모두 제거하고 폐하께서 친히 믿고 가까이하는 자들로 바꾸어 두어야 합니다.
> 이렇게 하면 음덕은 폐하에게 돌아와서, 해로운 것들은 제거되고 간사한 계책들은 막히며, 신하들은 은택에 젖게 되어 두터운 덕을 입으니, 폐하께서는 베개를 높이고 뜻과 총애를 멋대로 하는 즐거움을 얻을 것입니다. 계책으로는 이것보다 나은 것이 없습니다."

이세는 조고의 말을 그럴듯하게 여기고 곧 다시 법률을 만들었다. 이에 신하들과 공자들에게 죄가 있으면 번번이 조고에게 하명하여 국문하여 다스리게 했다. 대신大臣 몽의 등을 살해하고, 공자 12명을 함양 저자에서 육시하거나 죽었으며,① 공주 10명은 두杜 땅에서 몸을 찢어서② 죽게 했다. 재물은 현관縣官③으로 들이고 서로 연좌되어 죽은 자는 헤아릴 수조차 없었다.

二世曰 爲之柰何 趙高曰 嚴法而刻刑 令有罪者相坐誅 至收族 滅大臣而遠骨肉 貧者富之 賤者貴之 盡除去先帝之故臣 更置陛下之所親信者近之 此則陰德歸陛下 害除而姦謀塞 群臣莫不被潤澤 蒙厚德 陛下則高枕肆志寵樂矣 計莫出於此 二世然高之言 乃更爲法律 於是群臣諸公子有罪 輒下高 令鞠治之 殺大臣蒙毅等 公子十二人僇死咸陽市① 十公主矺②死於杜 財物入於縣官③ 相連坐者不可勝數

① 公子十二人僇死咸陽市공자십이인육사함양시

신주 〈진시황본기〉에는 공자 6인을 죽이고 공자 장려將閭의 형제 세 사람은 자살했다고 한다.

② 矺책

집해 《사기음은》에서 말한다. "矺의 발음은 '적[貯格反]'이다."

史記音隱曰 矺音貯格反

색은 矺의 발음은 '택宅'이다. 책磔과 동일하고 옛날과 지금의 글자가 다를 뿐이다. 책磔은 그 사지를 찢어 죽이는 것을 이른다.

矺音宅 與磔同 古今字異耳 磔謂裂其支體而殺之

③ 縣官현관

신주 일반명사로는 '현령, 현의 관청, 현의 관리' 등의 뜻이나, 죄인과 관계된 재물을 몰수하여 국가로 들이고 또 그 일족 중에 처단되지 않은 사람들을 잡아 가두어 노비나 부역자 등으로 입적시키는 일을 담당하는 관청을 가리킨다. 여기서는 곧 중앙 조정朝廷을 말한다.

공자 고高는 달아나고자 했으나 가족이 체포될 것이라 여겨 이에 글을 올려 말했다.

"선제께서 건재하실 때에는 신이 들어가면 음식을 하사받았고 나오면 수레를 탔습니다. 궁중 창고의 옷도 신은 받을 수 있었고 마구간의 보배로운 말도 신은 받을 수 있었습니다. 신은 마땅히 선제를 따라서 죽어야하지만 그러지 못했으니, 사람의 자식이 되어서 불효하고 신하가 되어서 불충했습니다. 불충한 자는 세상에 서서 살 명분이 없습니다. 신은 청컨대 선제를 따라서 죽으면 여산驪山의 기슭에 묻히기를 원합니다. 오직 주상께서 애처롭게 여기면 다행이겠습니다."

글이 올라가자 호해는 크게 기뻐하고 조고를 불러서 그것을 보이면서 말했다.

"이것은 급박하다고 할 만하오?"

조고가 말했다.

"신하가 되어 죽음을 걱정할 정도로 겨를이 없게 되었는데, 어찌 변란을 꾀하겠습니까."

호해는 그가 올린 글을 재가하고 10만 전을 하사하여 장사를 치르게 했다.

법령이나 처벌이 날마다 더욱 심각해지자 신하들과 사람들이 스스로 위태하다고 여겼고 모반하려고 하는 자가 많았다. 또 아방궁阿房宮을 짓고 직도直道와 치도馳道[①]를 닦느라 세금을 거두는 것은 더욱 무거워졌고, 수자리와 요역은 그침이 없었다.

이에 초나라 수자리를 지키는 병졸 진승陳勝과 오광吳廣 등이 곧 난을 일으켜 산동山東에서 일어나자, 호걸들은 서로 서서 스스로 후왕侯王이 되었으며 진나라를 배반하여 군사들이 홍문鴻門까지 이르렀다가 물러났다. 이사는 자주 한가한 틈을 청해서 간하려고 했으나 이세는 허락하지 않았다.

公子高欲奔 恐收族 乃上書曰 先帝無恙時 臣入則賜食 出則乘輿 御府之衣 臣得賜之 中廐之寶馬 臣得賜之 臣當從死而不能 爲人子不孝 爲人臣不忠 不忠者無名以立於世 臣請從死 願葬酈山之足 唯上幸哀憐之 書上 胡亥大說 召趙高而示之 曰 此可謂急乎 趙高曰 人臣當憂死而不暇 何變之得謀 胡亥可其書 賜錢十萬以葬 法令誅罰日益刻深 群臣人人自危 欲畔者衆 又作阿房之宮 治直〔道〕馳道[①] 賦斂愈重 戍傜無已 於是楚戍卒陳勝吳廣等乃作亂 起於山東 傑俊相立 自置爲侯王 叛秦兵至鴻門而卻 李斯數欲請間諫 二世不許

① 治直〔道〕馳道치직〔도〕치도

신주 직도는 고대 도로명으로 진시황이 재위 35년(서기전 212) 몽염에게 길을 닦아 열게 했는데, 북쪽은 지금의 내몽골 포두시 서북쪽의 구원九原

에서 남쪽은 지금의 섬서성 순화淳化 서북쪽의 운양雲陽까지 연결했다고 한다. 이는 관중關中과 평원平原과 하투河套 지구를 연결하는 주요 통로였다.

치도는 가장 이른 시기의 국도國道로서 진시황이 서기전 221년에 육국을 통일한 이듬해인 서기전 220년에 수도 함양咸陽을 중심으로 전국 각지에 통하는 치도를 만들게 했 는데, 모두 9개의 유명한 치도가 있다. 지금의 고릉高陵에서 섬서성 북쪽의 상군上郡으로 통하는 상군도上郡道, 황하에서 지금의 산서성으로 통하는 임진도臨津渡, 함곡관函谷關에서 하남河南, 하북河北, 산동山東으로 통하는 동방도東邦道 등이 유명하다.

오히려 이세는 이사를 꾸짖으며 물었다.

"내게 개인적 의견이 있고 한자韓子(한비자)에게 들은 바가 있는데, 그가 말하기를 '요임금이 천하를 가졌을 때는 당堂의 높이가 세 자였고 서까래는 대충 다듬고 조각하지 않았으며 지붕은 띠로 덮었는데 다듬지 않아서① 나그네의 숙소도 이보다 검소하지는 않았을 것이다. 겨울에는 사슴 가죽으로 만든 옷을 입었고 여름에는 갈포 옷을 입었으며, 기장과 현미로 지은 밥②을 먹고 명아주와 콩잎으로 끓인 국을 마셨고, 밥은 흙으로 만든 그릇에 담고③ 국도 흙으로 만든 국그릇에 담으니,④ 궁궐 문지기의 식사도 이보다 초라하지⑤ 않았다. 우임금은 용문龍門을 뚫어 대하大夏를 통하게 하고, 구하九河를 뚫고 구곡九曲에 제방을 쌓으며⑥ 괸 물을 터서 바다로 이르게 했는데,⑦ 넓적다리에 솜털⑧이 없어지고 정강이에 털이 없어졌으며, 손과 발에는 살갗이 트고 얼굴과 눈은 햇볕에 타 까맣게 될 정도였는데, 마침내 밖에서 죽어 회계에 장사를 지냈다. 신하와 포로의 고생도 이보다는 매섭지 않았을 것이다.'라고 했소.

그런즉 무릇 귀한 바는 천하를 가진 것인데, 어찌 형체를 괴롭게 하고 정신을 고달프게 해서 자신은 나그네의 숙소에 처하고 입은 문지기의 식사를 하고 손은 신하와 포로의 일을 가지려 한다는 것인가? 이것은 불초한 사람들이 힘쓸 바이지 현자賢者가 힘쓸 바는 아닐 것이다. 저 현인이 천하를 가졌으니 오로지 천하에서 자신에게 맞는 것을 사용할 따름이니, 이것이 천하를 가진 자가 귀하게 여기는 것이다.

무릇 이른바 현인이란 반드시 천하를 편안하게 하고 모든 백성을 다스릴 수 있어야 하거늘, 지금 자신조차 이롭게 하지 못하면서 장차 어찌 천하를 다스릴 수 있겠는가. 그래서 내가 원하는 것은 뜻을 펼치고 하고자 하는 바를 넓혀서 오래도록 천하를 누리고 해가 없도록 하는 것인데, 어찌하면 되겠소?"

而二世責問李斯曰 吾有私議而有所聞於韓子也 曰 堯之有天下也 堂高三尺 采椽不斲 茅茨不翦① 雖逆旅之宿不勤於此矣 冬日鹿裘 夏日葛衣 粢糲②之食 藜藿之羹 飯土匭③ 啜土鉶④ 雖監門之養不觳⑤於此矣 禹鑿龍門 通大夏 疏九河 曲九防⑥ 決渟水致之海⑦ 而股無胈⑧ 脛無毛 手足胼胝 面目黎黑 遂以死于外 葬於會稽 臣虜之勞不烈於此矣 然則夫所貴於有天下者 豈欲苦形勞神 身處逆旅之宿 口食監門之養 手持臣虜之作哉 此不肖人之所勉也 非賢者之所務也 彼賢人之有天下也

專用天下適己而已矣 此所貴於有天下也 夫所謂賢人者 必能安天下而治萬民 今身且不能利 將惡能治天下哉 故吾願賜志廣欲 長享天下而無害 爲之柰何

① 采椽不斲 茅茨不翦채연불착 모자부전

집해 서광이 말했다. "채采는 일명 역櫟(상수리나무)이다. 다른 판본에는 '작柞'으로 되어 있다."

徐廣曰 采 一名櫟 一作柞

색은 채采는 나무 이름인데 곧 지금의 떡갈나무이다.

采 木名 卽今之櫟木

신주 채연采椽은 서까래나무를 대충 가지만 친 것이다. 위 주석처럼 떡갈나무나 상수리나무란 뜻도 있다. 불착不斲은 다듬어 조각하지 않은 것이다. 모자茅茨는 띠풀이다. 부전不翦은 지붕 끝을 다듬어 자르지 않은 것이다.

② 粢糲자여

색은 粢의 발음은 '자資'이고 糲의 발음은 '날[郎葛反]'이다. 자粢는 기장이다. 여糲는 거친 곡식밥이다.

粢音資 糲音郎葛反 粢者 稷也 糲者 麄粟飯也

③ 甈궤

집해 서광이 말했다. "다른 판본에는 '유溜'(낙숫물 받는 그릇)로 되어 있다."

徐廣曰 一作溜

④ 鉶형

집해 鉶의 발음은 '형刑'이다.

音刑

신주 흙으로 만든 제기이다.

⑤ 糲각

집해 서광이 말했다. "糲의 발음은 '학學'이다. 각糲은 다른 판본에는 '곡轂'으로 되어 있는데 미는 것이다."

徐廣曰 糲音學 糲 一作轂 推也

색은 糲의 발음은 '학學'이다. 《이아》에서 "곡糲은 다하는 것이다."라고 하는데, 감문 아래 사람의 밥이 오히려 이보다 못하지 않다는 말이다. 서광이 이르기를 "다른 판본에는 '곡轂'(수레바퀴, 밀다)으로 되어 있는데 곡은 미는 것이다"라고 했는데, 즉 글자는 마땅히 '교較'가 되어야 한다. 추씨는 '각角'으로 발음한다고 했다.

糲音學 爾雅 糲 盡也 言監門下人飯猶不盡此 若徐氏云 一作轂 轂 推也 則字宜作較 鄒氏音角

신주 사마정은 서광이 말한 '바퀴 곡轂' 자를 써서 '민다'라고 한 것을 그릇된 것이라면서 '견준다', 또는 '수레의 몸체'를 뜻하는 '교較'로 써야 옳다고 본 것이다. 그러면 본문은 "문지기의 식사도 이에 견주지 못했다."가 된다.

⑥ 曲九防곡구방

정의 하수의 구곡九曲이며 별도로 제방을 만든 것을 이른다.

謂河之九曲 別爲隄防

⑦ 致之海치지해

집해 서광이 말했다. "치致는 다른 판본에는 '방放'으로 되어 있다."

徐廣曰 致 一作放

⑧ 胈발

집해 피부의 솜털이다.

胈 膚毳皮

이사의 아들 이유는 삼천군수였는데, 도적의 무리 오광吳廣 등이 서쪽의 땅을 약탈하며 지나가는데도 막지 못했다. 장함章邯이 오광 등의 군사를 쳐부수고 몰아냈다. 사자가 삼천에 관련된 일을 다시 조사하면서[①] 삼공三公의 지위에 있는 이사에게 어찌하여 도적들이 이와 같이 일어나느냐고 꾸짖었다.

이사가 두려워하면서도 작위와 녹봉을 중히 여겨 나아갈 바를 알지 못했다. 이에 이세의 뜻에 아첨하여 용서를 구하고자 글을 올려 대답했다.

"무릇 현명한 군주는 반드시 또한 도道를 온전히 하고 감독하고 책벌하는[②] 술법을 행합니다. 감독하고 책벌하면 신하는 감히 능력을 다하여 그 군주를 따르지 않을 수 없습니다. 이렇게 신하와 군주의 분수가 정해지고 위와 아래의 의리가 밝혀지면, 천하의 어진 이와 불초한 이가 감히 능력을 다하고 임무를 다하여 그 군주를 따르지 않을 수 없습니다. 이런 까닭으로 군주는 홀로 천하를 제재하지만, 제재당하지 않아서 즐거움의 극도까지 다할 수 있으니, 현명한 군주라면 살피지 않을 수 있겠습니까.

옛날 신자申子(신불해)는 말하기를 '천하를 가졌어도 마음대로[③] 못하는 것은 천하를 차꼬와 수갑으로 여기는 것'[④]이라고 하였는데 다른 것이 아닙니다. 감독하고 책벌할 수 없어서 그 몸으로 돌아보니 천하의 백성들보다 더 수고한 것이 요임금과 우임금 같았으므로, 그것을 일러 '차꼬와 수갑'이라고 한 것입니다.

무릇 신불해와 한비자의 밝은 술책을 닦지 못하고, 감독하고 책벌하는 도를 행하지 못하면서 천하를 자신의 마음대로 하려고 한다면 한갓 힘써 육체와 정신을 괴롭히는 것이니 몸으로 백성이 따른다고 해도 이것은 일반 백성이 하는 일이기 때문에 천하를 기르는 일은 아니니, 어찌 존귀하다고 할 수 있겠습니까?

李斯子由爲三川守 群盜吳廣等西略地 過去弗能禁 章邯以破逐廣等兵 使者覆案[①]三川相屬 誚讓斯居三公位 如何令盜如此 李斯恐懼 重爵祿 不知所出 乃阿二世意 欲求容 以書對曰 夫賢主者 必且能全道而行督責之[②]術者也 督責之 則臣不敢不竭能以徇其主矣 此臣主之分定 上下之義明 則天下賢不肖莫敢不盡力竭任以徇其君矣 是故主獨制於天下而無所制也 能窮樂之極矣 賢明之主也 可不察焉 故申子曰 有天下而不恣睢[③] 命之曰以天下爲桎梏[④]者 無他焉 不能督責 而顧以其身勞於天下之民 若堯禹然 故謂之桎梏也 夫不能修申韓之明術 行督責之道 專以天下自適也 而徒務苦形勞神 以身徇百姓 則是黔首之役 非畜天下者也 何足貴哉

① 覆案복안

신주 다시 조사하는 것이다.

② 督責之독책지

색은 독督은 살핌이다. 그 죄를 살피고 형벌로써 꾸짖는 것이다.

督者 察也 察其罪 責之以刑罰也

③ 恣睢자휴

색은 恣의 발음은 '지[資二反]'이고 睢의 발음은 '혜[呼季反]'이다. 자휴는 멋대로 하는 것과 같다. 성정을 마음대로 하고 질펀하고 방자하게 함을 이른다.

上音資二反 下音呼季反 恣睢猶放縱也 謂肆情縱恣也

④ 桎梏질곡

정의 천하를 가지고도 스스로 마음 내키는 데로 감독하고 책벌하지 못하면 이는 천하에서 자신의 몸을 수고롭게 하는 것으로 요임금과 우임금 같으니, 곧 천하를 자신의 차꼬와 수갑으로 삼는다는 말이다.

言有天下不能自縱恣督責 乃勞身於天下若堯禹 卽以天下爲桎梏於身也

무릇 남이 자신을 따르면 자신은 귀해지지만 남은 천해집니다. 자신이 남을 따르면 자신은 천해지지만 남은 귀해집니다. 그러므로 남을 따르는 것은 천하지만 남이 자신을 따르는 것은 귀하니 이는 예부터 지금까지 그렇지 않는 것이 없습니다. 무릇 옛날에 현자를 높인 것은 그가 귀하기 때문입니다. 불초한 것을 싫어하는 것은 그가 천하기 때문입니다.

그러나 요임금과 우임금은 몸소 천하의 사람들을 따랐으니 이를 따라 그들을 존귀하게 여기는 것은 또한 현자를 높이는 마음을 잃은 것으로 크게 그르다고 이를 수 있습니다. 그것을 일러 '차꼬와 수갑'이라고 해도 또한 마땅하지 않겠습니까. 감독하고 책벌하지 않았던 허물입니다.

그러니 한비자가 '인자한 어머니에게는 집안을 망치는 아들이 있지만 엄한 집안에는 사나운 종[①]이 없다.'라고 말한 것은 무엇이겠습니까? 곧 벌을 더 주는 것을 반드시 하기 때문입니다.

그러므로 상앙商鞅의 법에는 불에 탄 재를 길에 버리는 사람도 처벌했습니다.[②] 무릇 재를 버리는 것은 가벼운 죄인데, 형을 씌우는 것은 무거운 벌이었습니다. 저 현명한 군주는 가벼운 죄라도 심각하게 여겼습니다. 대저 가벼운 죄라도 심각하게 살피는데 하물며 무거운 죄에 있어서겠습니까. 그러므로 백성은 감히 범하지 못하는 것입니다.

夫以人徇己 則己貴而人賤 以己徇人 則己賤而人貴 故徇人者賤 而人所徇者貴 自古及今 未有不然者也 凡古之所爲尊賢者 爲其貴也 而所爲惡不肖者 爲其賤也 而堯禹以身徇天下者也 因隨而尊之 則亦失所爲尊賢之心矣 夫可謂大繆矣 謂之爲桎梏 不亦宜乎 不能督責之過也 故韓子曰 慈母有敗子而嚴家無格虜[①]者 何也 則能罰之加焉必也 故商君之法 刑棄灰於道者[②] 夫棄灰 薄罪也 而被刑 重罰也 彼唯明主爲能深督輕罪 夫罪輕且督深 而況有重罪乎 故民不敢犯也

① 格虜격로

색은 격格은 사나운 것이다. 노虜는 노예이다. 엄하고 가지런한 집안에는 본래 거스르는 노복들이 없다는 말이다.

格 彊扞也 虜 奴隸也 言嚴整之家本無格扞奴僕也

② 刑棄灰於道者형기회어도자

정의 재를 길에 버리는 자는 먹물을 뜨는 형에 처했다. 《한비자》에서 말한다. "은나라 법에 재를 네거리에 버리는 자는 형에 처했다. 자공子貢이 무겁다고 여기고 물었다. 중니께서 '재를 네거리에 버리면 반드시 불이 날 것이고 사람은 반드시 노할 것이며 노하면 다투게 된다. 다투면 삼족을 다치게 할 것이니 비록 형을 주더라도 옳다.'라고 했다."

棄灰於道者黥也 韓子云 殷之法 棄灰於衢者刑 子貢以爲重 問之 仲尼曰 灰棄於衢必燔 人必怒 怒則鬬 鬬則三族 雖刑之可也

그래서 한비자가 '하찮은 베와 비단은 보통 사람들이 내버려두지 않지만[①] 좋은 황금 100일溢(고대 중량단위)은 도척盜跖도 주워 가지 않는다.[②]'라고 이른 것은 보통 사람들의 마음이 신중해서 작은 이익을 크게 여기는 것이 아니고, 또 도척의 욕심이 적어서가 아닙니다. 또 도척의 행동이 100일溢의 무거움을 가볍게 여겨서도 아닙니다. 주워 가면 반드시 손이 잘리는 형벌이 따르므로 도척도 100일을 주워 가지 않으나 벌이 반드시 행해지지 않는다면 보통 사람들은 하찮은 것도 내버려두지 않을 것입니다.

이런 까닭으로 성의 높이가 5장丈 밖에 안 되어도 누계樓季[3]는 가벼이 범하지 않았으며, 태산의 높이가 100인仞이나 되지만 절룩거리는 양이 그 위에서 사육됩니다. 대저 누계가 5장정도 턱도 어려워하는데, 어찌 절룩거리는 양[4]을 치는 이가 100인의 높이를 쉽게 여기겠습니까. 가파름과 평평함의[5] 형세가 다르기 때문입니다.
是故韓子曰 布帛尋常 庸人不釋[1] 鑠金百溢 盜跖不搏[2]者 非庸人之心重 尋常之利深 而盜跖之欲淺也 又不以盜跖之行 爲輕百鎰之重也 搏必隨手刑 則盜跖不搏百鎰 而罰不必行也 則庸人不釋尋常 是故城高五丈 而樓季[3]不輕犯也 泰山之高百仞 而跛牂[4]牧其上 夫樓季也而難五丈之限 豈跛牂也而易百仞之高哉 峭塹[5]之勢異也

① 布帛尋常 庸人不釋포백심상 용인불석

색은 8자를 심尋이라 하고 심尋의 갑절을 상常이라 하는데, 참으로 하찮다는 말이다. 용인불석庸人不釋이란, 보통사람이 보면 취하고 버리지 않아 그 죄가 가벼운 것을 이른다. 그러므로 아래에서 "벌이 반드시 행해지지 않더라도 보통사람들은 하찮은 것을 버리지 않습니다."라고 이른 것이 이것이다.
八尺曰尋 倍尋曰常 以言其少也 庸人弗釋者 謂庸人見則取之而不釋 以其罪輕故下云 罰不必行 則庸人弗釋尋常 是也

② 鑠金百溢 盜跖不搏삭금백일 도척불박

색은 《이아》에서 말한다. "삭鑠은 아름다움이다." 100일의 아름다운 금이 땅에 있는데도 도척이 길을 가면서 또한 취하지 않는다고 한 것은 그 재물이 많아서 죄가 무겁기 때문이다. 그러므로 아래에서 "주워 가면 반드시 손에는 형벌이 따르게 되어 도척은 100일을 주워 가지 않는 것입니다."라고 일렀다. 박搏은 확攫(가로채는 것)과 같고 가져가는 것이다. 무릇 새가 날개를 펴고 사물을 공격하는 것을 박搏이라고 하고 발로 취하는 것을 확攫이라고 한다. 그러므로 사람이 물건을 취하는 것을 또한 박搏이라고 이른다.

爾雅 鑠 美也 言百溢之美金在於地 雖有盜跖之行亦不取者 爲財多而罪重也 故下云 搏必隨手刑 盜跖不搏也 搏猶攫也 取也 凡鳥翼擊物曰搏 足取曰攫 故人取物亦謂之搏

③ 樓季누계

집해 허신이 말했다. "누계는 위문후의 아우이다."《왕손자》에서 말한다. "누계는 형이다."

許愼曰 樓季 魏文侯之弟 王孫子曰 樓季之兄也

신주 전국시대 위魏나라에서 높이뛰기를 잘했다는 인물이다.

④ 牂장

집해 《시경》에서 말한다. "암컷 양은 머리가 크다."《모전》에서 말한다. "암컷을 장牂이라 한다."

詩云 牂羊墳首 毛傳曰 牝曰牂

⑤ 峭塹초참

색은 초峭는 준峻(가파른 것)이며 높은 것이다. '초[七笑反]'로 발음한다. 塹(해자 참)의 발음은 '참漸'이다. 가파르고 높으면 오르기 어렵다. 그래서 누계

라해도 5장정도 턱도 어려우나 평평한 해자는 건너기가 쉽다. 그러므로 절룩거리는 양을 태산에서 사육하는 것은 (평평하기) 때문이라는 말이다.

峭 峻也 高也 七笑反 塹音漸 以言峭峻則難登 故樓季難五丈之限 平塹則易涉 故跛牂牧於泰山也

현명한 군주와 성스러운 왕이 오래도록 존귀한 지위에 처하여 중요한 권세를 길게 가지고 홀로 천하의 이로움을 멋대로 할 수 있는 까닭은, 특이한 도가 있어서가 아니라 홀로 판단하여 깊이 감독하고 책벌하여 반드시 심각한 형벌을 쓰기 때문입니다. 그러므로 천하에서 감히 범하지 못하는 것입니다.

지금은 범하지 못하게 하는 데 힘쓰지 않고 인자한 어머니에게서 집안을 망치는 아들이 나오는 것을 떠받든다면 또한 성인聖人이 논하는 것을 살피지 않았기 때문입니다. 대저 성인의 술법을 행하지 않고 버린다면 천하에 부림을 당하는 것이니 무슨 일을 할 수 있겠습니까. 애달프지 않겠습니까.①

무릇 검소하고 절약하고 인자하고 의로운 사람들이 조정에 서면 마음껏 하는 즐거움은 그칠 것입니다. 간하고 유세하는 논리가 있는 신하가 곁에 있으면 흘러넘치는 뜻은 막힐 것입니다. 열사가 죽음으로 절개를 지키는 행동을 하는 것이 세상에 드러내면 마음대로 하는 편안한 생각은 무너질 것입니다.② 그러므로 현명한 군주는 이 세 가지를 멀리하고 홀로 군주의 술법을 가지고 듣고 순응하는 신하들을 통제하여, 그 밝은 법을 닦아야 몸은 존귀해지고 권세는 무거워지는 것입니다.

대저 현명한 군주는 반드시 세상에 어긋나는 풍속을 갈아서[3] 그 싫어하는 것을 없애고 그 하고자 하는 것을 세웁니다. 그러므로 살아서는 존귀하고 무거운 권세가 있고 죽어서는 현명하다는 시호가 있는 것입니다. 이 때문에 밝은 군주는 홀로 판단하므로 권력이 신하에게 있지 않습니다.

明主聖王之所以能久處尊位 長執重勢 而獨擅天下之利者 非有異道也 能獨斷而審督責 必深罰 故天下不敢犯也 今不務所以不犯 而事慈母之所以敗子也 則亦不察於聖人之論矣 夫不能行聖人之術 則舍爲天下役何事哉 可不哀邪[1] 且夫儉節仁義之人立於朝 則荒肆之樂輟矣 諫說論理之臣間於側 則流漫之志詘矣 烈士死節之行顯於世 則淫康之虞廢矣[2] 故明主能外此三者 而獨操主術以制聽從之臣 而修其明法 故身尊而勢重也 凡賢主者 必將能拂世磨俗[3] 而廢其所惡 立其所欲 故生則有尊重之勢 死則有賢明之謚也 是以明君獨斷 故權不在臣也

① 舍爲天下~可不哀邪사위천하~가불애야

색은 사舍는 폐廢와 같으며 그치는 것이다. 사람의 임금된 이가 성인聖人의 감독하고 책벌하는 술법을 행하지 못하는 것은 곧 폐지하는 것이니, 어찌 몸을 곤고롭게 하고 마음을 괴롭게 해서 천하의 부림을 당하는 것이니 이것이 어찌된 일이냐는 말이다. "애달프지 않을 수 있겠습니까?"는 그것이 그릇되었다는 말이다.

舍猶廢也 止也 言爲人主不能行聖人督責之術 則已廢止 何爲勤身苦心 爲天下所役 是何哉 可不哀邪 言其非也

② 淫康之虞廢矣음강지우폐의

신주 이사는 군주가 마음대로 하지 못하게 하는 세 부류의 신하를 예로 들었으니 이 '음淫' 자는 '마음대로, 멋대로'라는 뜻으로 해석해야 할 것이다. 이사는 충신과 현신이라 할 수 있는 이런 신하들을 통제하라고, 이세에게 아부하고 있는 것이다.

③ 拂世磨俗불세마속

색은 拂의 발음은 '불[扶弗反]'이고 磨의 발음은 '마[莫何反]'이다. 불세拂世는 아마도 시대의 정서와 어긋났다는 말일 것이다. 마속磨俗은 세속에서 갈고 닦아서 자신을 따르게 한다는 말이다.

拂音扶弗反 磨音莫何反 拂世 蓋言與代情乖戾 磨俗 言磨礪於俗使從己

그런 뒤에 인의의 길을 없애고 거침없이 유세하는 입을 막고 열사의 행동을 곤란하게 하고 총명한 것을 막고 밝은 것을 가리고 안에서 홀로 보고 듣는 것입니다. 그래서 밖으로는 인의나 열사들의 행동에 쏠리지 않고, 안으로는 간하고 유세하고 분노하고 다투는 변설에 빼앗기지 않는 것입니다. 그러므로 드러나게 홀로 행동하고 마음대로 하는 마음을 감히 거역하지 못하는 것입니다.

이와 같이 한 뒤에야 신불해와 한비자의 술수에 밝고 상군商君의 법을 닦았다고 이를 만합니다. 법이 닦이고 술책이 밝혀졌는데 천하가 어지러웠다는 것은 듣지 못했습니다. 그러므로 이르기를 '왕도王道는 간략하여 부리기 쉽다.'라고 하는 것입니다. 오직 현명한 군주만이 행할 수 있습니다.

이와 같으면 감독하고 책벌하는 것이 진실하다고 일컬을 것이며, 신하에게는 사특한 것이 없게 됩니다. 신하에게 사특한 것이 없으면 천하는 편안해집니다. 천하가 편안하면 군주는 위엄이 있고 존귀하게 됩니다. 군주가 위엄이 있고 존귀하게 되려면 감독과 책벌을 반드시 해야 됩니다. 감독과 책벌을 반드시 하게 되면 구하는 것을 얻게 됩니다. 구하는 것을 얻으면 국가는 부유해집니다. 국가가 부유해지면 군주는 즐기고 풍요롭게 됩니다. 그러므로 감독하고 책벌하는 술법이 실시되면 하고자 하는 것을 얻지 못하는 것이 없을 것입니다.

여러 신하와 백성들은 화에서 스스로를 구하는 것에서 여유롭지 못할 텐데 감히 무슨 변화를 도모하겠습니까? 이와 같이 하면 제왕의 도가 갖추어져서 군주와 신하의 술術이 밝혀졌다고 일컬을 수 있습니다. 비록 신불해와 한비자가 다시 태어난다고 해도 여기에서 더 보태지는 못할 것입니다."

글이 아뢰어지자 이세는 기뻐했다. 이에 감독과 책벌을 더욱 엄하게 하고, 백성들에게 세금을 많이 걷는 자를 밝은 관리로 삼았다.

이세가 말했다.

"이와 같아야 감독과 책벌을 제대로 했다고 할 만하다."

형을 받은 자가 서로 길에 반이나 되었고 죽은 사람들이 날마다 시장에 쌓였다. 사람을 많이 죽인 자는 충신이 되었다.

이세가 말했다.

"이와 같아야 감독과 책벌을 제대로 했다고 할 만하다."

然後能滅仁義之塗 掩馳說之口 困烈士之行 塞聰揜明 內獨視聽 故外不可傾以仁義烈士之行 而內不可奪以諫說忿爭之辯 故能犖然獨行恣睢之心而莫之敢逆 若此然後可謂能明申韓之術 而脩商君之法 法脩術明而天下亂者 未之聞也 故曰 王道約而易操也 唯明主爲能行之若此則謂督責之誠 則臣無邪 臣無邪則天下安 天下安則主嚴尊 主嚴尊則督責必 督責必則所求得 所求得則國家富 國家富則君樂豐 故督責之術設 則所欲無不得矣 群臣百姓救過不給 何變之敢圖 若此則帝道備 而可謂能明君臣之術矣 雖申韓復生 不能加也 書奏 二世悅 於是行督責益嚴 稅民深者爲明吏 二世曰 若此則可謂能督責矣 刑者相半於道 而死人日成積於市 殺人衆者爲忠臣 二世曰 若此則可謂能督責矣

처음에 조고는 낭중령이 되어서 죽이고 사적인 원한을 갚은 것이 많았다. 대신들이 조회에 들어가 일을 아뢰면서 자신을 싫어하여 헐뜯을 것을 두려워해서 이에 이세를 설득해서 말했다.

"천자가 귀한 까닭은 단지 소리만 듣고 신하들은 천자의 얼굴을 보지 못하기 때문이므로 '짐朕'(천자의 자칭)이라고 부릅니다. 또 폐하께서는 춘추가 왕성하시므로 반드시 여러 일을 통하시는데① 미진한 것이 있으시니 지금 조정에 앉으셔서 견책하시거나 등용하시는 것들에 적당하지 못한 것이 있으시면 대신들에게 단점을 보이시는 것이므로 천하에 신명神明을 보이시지 못하실 것입니다. 또 폐하께서는 궁궐에서 깊이 팔짱을 끼고 계시면서 신하들과 시중侍中과 법에 익숙한 자들과 일을 기다리시다가 일이 닥치면 헤아려 처리하소서.[②] 이렇게 하면 대신들이 감히 의심스러운 일들을 아뢰지 못할 것이며, 천하에서 성스러운 군주라고 칭찬할 것입니다."

이세는 조고의 계책을 사용하여 조정에 앉아서 대신들을 만나지 않고 깊은 궁중에 거처했다. 조고는 항상 시중侍中으로 전권을 행사했으며 일들은 모두 조고에게서 결정되었다.

初 趙高爲郎中令 所殺及報私怨衆多 恐大臣入朝奏事毁惡之 乃說二世曰 天子所以貴者 但以聞聲 群臣莫得見其面 故號曰 朕 且陛下富於春秋 未必盡通[①]諸事 今坐朝廷 譴擧有不當者 則見短於大臣 非所以示神明於天下也 且陛下深拱禁中 與臣及侍中習法者待事 事來有以揆之[②] 如此則大臣不敢奏疑事 天下稱聖主矣 二世用其計 乃不坐朝廷見大臣 居禁中 趙高常侍中用事 事皆決於趙高

① 通통

집해 서광이 말했다. "통通을, 어떤 이는 '조照'(비추다)가 되어야 마땅하다고 했다."

徐廣曰 通 或宜作照

② 揆之규지

집해 서광이 말했다. "규揆는 다른 판본에는 '발撥'(다스리다)로 되어 있다."

徐廣曰 揆 一作撥也

조고는 이사가 할 말이 있다는 소식을 듣고 이에 승상을 만나서 말했다.

"관동에는 도적떼가 많다고 하는데 지금 주상께서는 더욱 급하게 부역을 일으켜서 아방궁①을 짓고 개와 말 같이 쓸모없는 물건이나 모으고 있습니다. 신이 간하고자 하는데 지위가 낮습니다. 이것은 참으로 군후君侯의 일인데 군께서는 어찌 간하지 않습니까?"

이사가 말했다.

"그렇습니다. 내가 그것을 말하려고 한 지 오래되었습니다. 그런데 지금 주상께서 조정에 앉아 계시지 않고 깊은 궁중에 계시니 내가 말하고자 하는 것이 있어도 전하는 것이 불가합니다. 만나 뵙고자 해도 틈이 없습니다."

조고가 말했다.

"군께서 진실로 간언하겠다면, 군을 위해 주상의 한가한 틈을 엿보아 군에게 말하겠습니다."

이에 조고는 이세가 마침 연회를 열어 연회를 즐기며 여인들을 앞에 두고 있는 때를 기다려 사람을 시켜서 승상에게 알리게 하고 '주상이 바야흐로 한가하니 일을 아뢸 수 있을 것입니다.'라고 말하게 했다. 승상이 궁문에 이르러 알현한다고 아뢰었는데, 이처럼 한 것이 세 번이었다.

이에 이세가 노하여 말했다.

"내가 늘 한가한 때가 많았는데 승상이 오지 않았다. 내가 한창 사사로이 연회를 베풀고 있는데 승상은 번번이 와서 일을 청했다. 승상이 어찌 나를 하찮게 여기는 것인가? 또 실로 나를 그렇게 여기는가?②"

조고는 그래서 말했다.

"이렇게 하면 위태롭게 됩니다. 대저 사구沙丘의 음모는 승상과 함께 했습니다. 지금 폐하께서는 이미 즉위해 황제가 되었지만 승상은 귀해지지 않았습니다. 이는 그 뜻이 또한 땅을 떼어 받아 왕이 되기를 바랄 것입니다. 또 폐하께서는 신에게 묻지 않았으므로 신이 감히 아뢰지 않았습니다. 승상의 장남 이유李由는 삼천군수이고 초나라 도적 진승陳勝 등은 승상의 고을과 가까운 현의 자식들입니다. 이 때문에 초나라 도적들이 드러내놓고 다니며③ 삼천을 통과해도 성을 지키고 기꺼이 치려하지 않았습니다. 저는 그들이 문서를 서로 주고받았다는 소문도 들었습니다만, 아직 자세히 살피지 못해서 감히 보고하지 못했습니다. 또 승상께서는 밖에 거처하지만 권세는 폐하보다 막중합니다."

이세는 그럴 것이라고 여겼다. 승상을 조사하고자 했지만 자세히 살피지 못할까 두려워 사람을 시켜 삼천군수와 도적들이 내통한 상황만 조사하게 했다. 이사가 그 소식을 들었다.

高聞李斯以爲言 乃見丞相曰 關東群盜多 今上急益發繇治阿房宮① 聚狗馬無用之物 臣欲諫 爲位賤 此眞君侯之事 君何不諫 李斯曰 固也 吾欲言之久矣 今時上不坐朝廷 上居深宮 吾有所言者 不可傳也 欲見無間 趙高謂曰 君誠能諫 請爲君候上間語君 於是趙高待二世方燕樂 婦女居前 使人告丞相 上方閑 可奏事 丞相至宮門上謁 如此者三 二世怒曰 吾常多閑日 丞相不來 吾方燕私 丞相輒來請事 丞相豈少我哉 且固我哉② 趙高因曰 如此殆矣 夫沙丘之謀 丞相與焉 今陛下已立爲帝 而丞

相貴不益 此其意亦望裂地而王矣 且陛下不問臣 臣不敢言 丞相長男 李由爲三川守 楚盜陳勝等皆丞相傍縣之子 以故楚盜公行[③] 過三川 城守不肯擊 高聞其文書相往來 未得其審 故未敢以聞 且丞相居外 權重於陛下 二世以爲然 欲案丞相 恐其不審 乃使人案驗三川守與盜通狀 李斯聞之

① 阿房宮아방궁

색은 房의 발음은 '방旁'이다. 한편으로 가장 통상적인 발음으로 읽는다.
房音旁 一如字

신주 아방궁은 지금의 섬서성 서안시 서쪽 교외에 있었는데 진시황이 재위 35년(서기전 212)부터 쌓기 시작한 궁전으로 천하제일궁으로 불렸다. 만리장성, 진시황릉, 직도와 함께 진시황의 '4대공정'으로 꼽힌다.

② 固我哉고아재

색은 내가 어리기 때문에 가볍게 여긴다는 말이다. '고아固我'라고 이른 것을, 한편 나를 작다고 여긴 것이고 또 나에게 고루하다고 했다는데, 뜻에서 멀어진 것이다.
謂以我幼故輕我也 云固我者 一云以我爲短少 且固陋於我也 於義爲疏

③ 公行공행

집해 서광이 말했다. "공公은 다른 판본에는 '송訟'으로 되어 있다. 訟의 발음은 '송松'이다."
徐廣曰 公 一作訟 音松

제四장

잘못된 자들의 최후

이때 이세는 감천궁甘泉宮에 있으면서 바야흐로 배우들에게 각저觳抵①를 하게 하고 관람하고 있었다. 이사는 만나지 못하자 인하여 글을 올려서 조고의 단점을 말했다.

“신이 듣기에 신하가 그 군주를 의심하면 국가는 위태로워지고, 첩이 그 지아비를 의심하면 집안이 위태로워집니다. 지금 폐하에게는 이로운 것을 멋대로 하고 해로운 것을 멋대로 하는 대신이 있어서 폐하와 다를 바가 없으니, 이것은 매우 불편합니다.

옛날 사성자한司城子罕②은 송나라에서 재상이 되어 자신이 형벌을 행하고 위엄을 행하여 1년 만에 그 군주를 겁박했습니다. 전상田常은 간공簡公의 신하가 되어 작위의 서열이 나라에서 견줄 자가 없었고 사가私家의 부유함이 공가公家와 같았으며, 은혜를 펴고 덕을 베풀어 아래로는 백성을 얻고 위로는 신하들을 얻어, 몰래 제나라를 빼앗으려고 재여宰予를 뜰에서 죽이고③ 곧 간공을 조정에서 시해하여, 마침내 제나라를 차지했습니다.

이는 천하가 분명히 알고 있는 것입니다. 지금 조고는 사특하고 방자한 뜻과 위태롭게 반역하려고 행동을 하고 있으니 마치 자한이 송나라에서 재상이 된 것과 같고 사가私家의 부유함은 제나라의 전씨와 같습니다. 전상과 자한의 도를 거스르는 것과 폐하의 위엄과 신용을 겁박하는 것을 겸하고 있으니 그의 뜻은 마치 한기韓玘가 한나라 왕 안安의 재상일 때④와 같습니다. 폐하께서 도모하지 않으신다면, 신은 그가 변란을 일으킬까 봐 두렵습니다."

是時二世在甘泉 方作觳抵①優俳之觀 李斯不得見 因上書言趙高之短曰 臣聞之 臣疑其君 無不危國 妾疑其夫 無不危家 今有大臣於陛下擅利擅害 與陛下無異 此甚不便 昔者司城子罕②相宋 身行刑罰 以威行之 朞年遂劫其君 田常爲簡公臣 爵列無敵於國 私家之富與公家均 布惠施德 下得百姓 上得群臣 陰取齊國 殺宰予於庭③ 卽弑簡公於朝 遂有齊國 此天下所明知也 今高有邪佚之志 危反之行 如子罕相宋也 私家之富 若田氏之於齊也 兼行田常子罕之逆道而劫陛下之威信 其志若韓玘爲韓安相也④ 陛下不圖 臣恐其爲變也

① 觳抵각저

집해 응소가 말했다. "전국시대에는 점점 강무講武의 예가 늘어나서 오락으로 삼아 서로 과시하면서 사용했는데, 진秦나라에서 이름을 고쳐 각저角抵라고 했다. 각角은 각진 재목이다. 저抵는 서로 부딪치는 것이다." 문영이 말했다. "살펴보니 진나라에서 이 오락을 각저角抵라고 한 것은 양쪽에서 서로 마주하고 힘을 겨루는데 기예와 활쏘기와 수레몰기를 겨루기 때문이다. 그러므로 각저角抵라고 한다." 살펴보니 각저觳抵는 곧 각저角抵이다.

應劭曰 戰國之時 稍增講武之禮 以爲戲樂 用相夸示 而秦更名曰角抵 角者 角材也 抵者 相抵觸也 文穎曰 案 秦名此樂爲角抵 兩兩相當 角力 角伎藝射御 故曰角抵也 駰案 觳抵卽角抵也

② 司城子罕사성자한

신주 앞서 〈노중련추양열전〉에 나오는 송나라의 사성자한과는 다른 사람으로 송나라의 마지막 두 번째 군주인 척성剔成을 가리킨다. 자세한 것은 〈송미자세가〉에 있다.

③ 殺宰予於庭살재여어정

신주 〈제태공세가〉와 〈전경중완세가〉에 나오는 자아子我 감지監止를 말한다. 그의 말을 듣지 않아서 강씨姜氏의 제나라가 전씨에게 넘어가게 된 측면도 있다. 그가 죽임을 당한 곳은 곽관郭關이라는 곳이다.

④ 韓玘爲韓安相也한기위한안상야

색은 기玘는 또한 '기起'로 되어 있는데 모두 '이怡'로 발음한다. 한韓나라 대부로 그 군주인 도공悼公을 시해했다. 그러나 한나라에는 도공이 없다. 어떤 이는 정나라 사군嗣君이라 했다. 〈육국연표〉에서 살펴보니 한기韓玘는 소후昭侯를 섬겼다. 소후 이하로 4대째에 왕 안安에 이르는데, 그 설명이 잘못되었다.

玘 亦作起 竝音怡 韓大夫弑其君悼公者 然韓無悼公 或鄭之嗣君 案表 韓玘事昭侯 昭侯已下四代至王安 其說非也

신주 〈정세가〉에는 한희韓姬라 했지만, 《죽서기년》에는 한기韓玘라 한다. 그가 시해한 도공이란 군주는 실제 이미 망한 진晉나라 마지막 군주인 정공靜公을 가리킨다. 또 이사의 말에서 "한기韓玘가 한나라 왕 안安의 재상일 때"라고 한 것은 잘못이다.

이세가 말했다.
"무슨 말이오? 대저 조고는 본래 환관이었소. 그러므로 편안하다고 마음대로 하지 않았고 위태롭다고 마음을 바꾸지 않았으며, 행동을 깨끗하게 하고 선을 닦아서 스스로 여기에 이르렀소. 충성으로 승진했고 믿음으로 자리를 지켜서 짐이 진실로 현명하다고 여기는데, 군께서는 의심하니 무엇 때문이오? 또 짐은 젊은 나이에 선인先人을 잃고 아는 것이 없었으며 백성을 다스리는 일을 익히지 못했는데, 그대마저 늙었으니 아마 천하와 단절되었을 것이오. 짐이 조군趙君(조고)을 위촉하지 않고 누구에게 맡기는 것이 마땅하다 하시오? 또 조군의 사람됨은 정밀하고 청렴하며 힘이 좋아서, 아래로는 사람의 정을 알고 위로는 짐에게 잘 맞으니 그대는 의심하지 마시오."
이사가 말했다.
"그렇지 않습니다. 대저 조고는 본래 천한 사람이었습니다. 사리에 무식하고 탐욕이 끝이 없어 이익을 구하는 것을 그만두지 않고, 권세의 반열이 주상 다음이고 요구하는 것은 끝이 없습니다. 신은 그래서 위태롭다고 이르는 것입니다."
이세는 이전부터 조고를 믿고 있어서 이사가 그를 죽일까 봐 사사롭게 조고에게 알렸다. 조고가 말했다.

"승상이 걱정하는 바는 유독 저인데, 제가 죽고 나면 승상은 곧 전상이 했던 바를 하고자 할 것입니다."

이에 이세가 말했다.

"이사를 낭중령郎中令에게 맡기라."

조고는 이사를 조사하고 치죄했다. 이사는 체포되어 묶여 감옥 안에 갇혀 있으면서 하늘을 우러러보며 탄식했다.

"아아, 슬프다! 부도不道한 군주와 어찌 일을 도모하겠는가? 옛날 걸桀이 관용봉關龍逢을 죽이고 주紂가 왕자 비간比干을 죽였으며 오왕 부차는 오자서伍子胥를 죽였다. 이 세 신하가 어찌 충성스럽지 않았으랴. 그러나 죽음에서 벗어나지 못했고 몸이 죽은 것은 충성을 받을 만한 군주가 아니었던 것이다.

지금 나는 지혜가 세 사람에 미치지 못하고 이세의 무도함은 걸과 주와 부차보다 심하니 나는 충성하다가 죽는 것이 마땅하다. 또 이세의 다스림이 어찌 어지러워지지 않겠는가. 지난날에 그 형제들을 죽이고 스스로 섰는데, 충신을 죽이고 천인을 귀하게 여기며 아방궁을 짓고 천하에서 세금을 긁어 들였다.

내가 간했지만 내 말을 듣지 않았다. 무릇 예전 성왕들은 음식에 절도가 있고 수레와 기물에 정해진 수가 있고 궁실에는 법도가 있었다. 명령을 내리면 일이 되었으며 비용이 늘고 백성의 이익에 보탬이 없는 것들은 금지했다. 그러므로 오래도록 편안하게 다스릴 수 있었다.

지금은 형제들에게 역행하고 그 허물을 되돌아보지 않는다. 충신들을 침범하여 죽이고 그 재앙을 생각하지 않는다. 거대한 궁실을 만들고 천하에서 세금을 두텁게 거두며 그 비용을 아끼지 않고 있다. 이 세 가지가 이미 행해지는 한 천하가 따르지 않을 것이다. 이제 배반한 자들은 이미 천하의 절반을 가졌는데도, (황제의) 마음은 아직 깨닫지 못하고 있다. (황제는) 조고를 보좌로 삼았으니 나는 반드시 도적들이 함양咸陽에 이르고 사슴이 조정에서 뛰노는 것을 볼 것이다."

二世曰 何哉 夫高 故宦人也 然不爲安肆志 不以危易心 絜行脩善 自使至此 以忠得進 以信守位 朕實賢之 而君疑之 何也 且朕少失先人 無所識知 不習治民 而君又老 恐與天下絕矣 朕非屬趙君 當誰任哉 且趙君爲人精廉彊力 下知人情 上能適朕 君其勿疑 李斯曰 不然 夫高 故賤人也 無識於理 貪欲無厭 求利不止 列勢次主 求欲無窮 臣故曰殆 二世已前信趙高 恐李斯殺之 乃私告趙高 高曰 丞相所患者獨高 高已死 丞相卽欲爲田常所爲 於是二世曰 其以李斯屬郎中令 趙高案治李斯 李斯拘執束縛 居囹圄中 仰天而歎曰 嗟乎 悲夫 不道之君 何可爲計哉 昔者桀殺關龍逢 紂殺王子比干 吳王夫差殺伍子胥 此三臣者 豈不忠哉 然而不免於死 身死而所忠者非也 今吾智不及三子 而二世之無道過於桀紂夫差 吾以忠死 宜矣 且二世之治豈不亂哉 日者夷其兄弟而自立也 殺忠臣而貴賤人 作爲阿房之宮 賦斂天下 吾非不諫也 而不吾聽也 凡古聖王 飲食有節 車器有數 宮室有度 出令造事 加費而無益於民利者禁 故能長久治安 今行逆於昆弟 不顧其咎 侵殺忠臣 不思其殃 大爲宮室 厚賦天下 不愛其費 三者已行 天下不聽 今反者已有天下之半矣 而心尙未寤也 而以趙高爲佐 吾必見寇至咸陽 麋鹿游於朝也

이에 이세는 조고를 시켜서 승상의 옥사를 조사하게 하고 죄를 다스리게 했다. 이사와 아들 이유에게 모반했음을 진술하라고 강요하고 이사의 일가족과 빈객들을 모두 체포했다. 조고가 이사를 치죄하여 매를 천여 번 치자, 이사는 아픔을 이기지 못하고 스스로 거짓으로 죄를 자복했다.

이사가 죽지 않고 스스로 그 변호를 맡은 까닭은 공이 있으며 진실로 반역할 마음이 없었으니 행여 글을 올려 스스로 진언하게 된다면 다행히 이세가 깨우쳐서 그를 용서할 것으로 여겼기 때문이다. 이사는 이에 감옥 안에서 글을 올려서 말했다.

"신이 승상이 되어 백성을 다스린 지 30년이었습니다.① 이전에 진나라 땅이 협소했습니다. 선왕 때 진나라 땅은 1,000리에 불과했으며② 군사는 수십만 명이었습니다. 신이 얄팍한 재주를 다하여 법령을 삼가 받들고, 몰래 모신謀臣을 보내 금과 옥을 가지고 가서 제후들을 설득시키게 했으며, 몰래 군사와 병기를 수리하고 정치와 교육을 수리하며, 용사들을 관직에 앉히고 공신들을 높여 그 작위와 녹봉을 성대하게 했습니다. 그러므로 마침내 한韓나라를 위협하고 위魏나라를 허약하게 만들었으며 연나라와 조나라를 쳐부수고 제나라와 초나라를 없애서 마침내 육국을 병합하면서 그 왕들을 포로로 잡고 진나라를 세워 천자가 되게 했습니다. 이것이 첫 번째 죄입니다.

於是二世乃使高案丞相獄 治罪 責斯與子由謀反狀 皆收捕宗族賓客 趙高治斯 榜掠千餘 不勝痛 自誣服 斯所以不死者 自負其辯 有功 實無反心 幸得上書自陳 幸二世之寤而赦之 李斯乃從獄中上書曰 臣爲丞相治民 三十餘年矣① 逮秦地之陜隘 先王之時秦地不過千里② 兵數十萬

臣盡薄材 謹奉法令 陰行謀臣 資之金玉 使游說諸侯 陰脩甲兵 飾政教 官鬪士 尊功臣 盛其爵祿 故終以脅韓弱魏 破燕趙 夷齊楚 卒兼六國 虜其王 立秦爲天子 罪一矣

① 爲丞相治民 三十餘年矣위승상치민 삼십여년의

신주 통일 후에 바로 임명되었다 해도 이사가 승상이 된 지는 14년 정도다. 아마 자신이 진나라에 출사한 해를 통틀어 말한 것으로 보인다. 아래에 이어지는 문장을 보면 알 수 있다.

② 先王之時秦地不過千里선왕지시진지불과천리

신주 진시황이 즉위할 무렵에 진나라는 이미 당시 산동의 육국을 합친 것만큼 큰 영토를 소유하고 있었다. 더구나 중원의 핵심 지역을 거의 점령한 상태였다.

국토가 넓지 않은 것이 아니었으나 또한 북쪽으로 호胡와 맥貉을 쫓아내고 남쪽으로 백월百越을 평정하여 진나라의 강성함을 보였습니다. 이것이 두 번째 죄입니다.
대신을 존경하여 그 작위를 성대하게 하고 그 친함을 확고하게 했습니다. 이것이 세 번째 죄입니다.
사직을 세우고 종묘를 정비해서 군주의 현명함을 밝게 했습니다. 이것이 네 번째 죄입니다.

다시 도량의 한계를 정하여 말[斗](한 말)과 섬[斛](열 말)의 도량형과 문장을 공평하게 해서 천하에 반포하여 진나라의 명성을 세웠습니다. 이것이 다섯 번째 죄입니다.

치도馳道를 닦고 유람하는 관觀을 일으켜서 군주께서 뜻을 얻었음을 보였습니다. 이것이 여섯 번째 죄입니다.

형벌을 완화하고 세금을 가볍게 하여 마침내 군주께서 백성의 마음을 얻게 함으로써 모든 백성이 군주를 받들고 죽어서도 잊지 못하게 했습니다. 이것이 일곱 번째 죄입니다.

저 같은 자가 신하가 되어 죽기에 충분한 죄를 지은 지 진실로 오래되었습니다. 주상께서 다행히 그 능력을 다하게 하셔서 지금에 이를 수 있었으니 원컨대 폐하께서는 살펴 주십시오!"

글이 올라가자 조고는 관리를 시켜서 버리게 하고 아뢰지 못하도록 하며 말했다.

"갇혀 있는 자가 어찌하여 글을 올렸는가?"

조고는 그 빈객 10여 명의 무리에게 거짓으로 어사御史와 알자謁者와 시중侍中으로 꾸며 다시 가서 이사를 조사하고 신문하게 했다. 이사가 다시 그 사실대로 대답하면 번번이 사람을 시켜서 다시 매질하게 했다. 뒤에 이세가 사람을 시켜서 이사를 조사했는데, 이사는 예전과 같을 것이라고 생각하고 끝내 감히 말을 바꾸지 않고 죄를 인정하고 굴복하였다. 주문奏文이 주상에게 당도하자 이세는 기뻐하며 말했다.

"조군이 아니었다면 거의 승상에게 넘어갔을 것이오."

이세의 사자가 삼천군수를 조사하러 이르렀을 때 항량項梁이 이미

쳐서 죽였다. 사자는 돌아왔을 때 승상은 하옥되어 있었고 조고는 모두 거짓으로 반역했다는 말을 만들었다.

이세 2년 7월, 이사에게 오형五刑을 갖추어, 함양 저자에서 허리를 자르는 형벌로 판결했다.① 이사가 옥에서 나와서 그 둘째 아들과 함께 잡혀 갔는데 그 아들을 되돌아보고 말했다.

"내가 너와 함께 다시 누런 개를 이끌고 상채上蔡의 동문을 함께 나가 약삭빠른 토끼를 사냥하고 싶었지만, 어찌 그럴 수 있겠느냐."

마침내 아버지와 아들이 함께 통곡했다. 이사의 삼족을 다 죽였다.

地非不廣 又北逐胡貉 南定百越 以見秦之彊 罪二矣 尊大臣 盛其爵位 以固其親 罪三矣 立社稷 脩宗廟 以明主之賢 罪四矣 更剋畫 平斗斛度量文章 布之天下 以樹秦之名 罪五矣 治馳道 興游觀 以見主之得意 罪六矣 緩刑罰 薄賦斂 以遂主得衆之心 萬民戴主 死而不忘 罪七矣 若斯之爲臣者 罪足以死固久矣 上幸盡其能力 乃得至今 願陛下察之 書上 趙高使吏棄去不奏 曰 囚安得上書 趙高使其客十餘輩詐爲御史謁者侍中 更往覆訊斯 斯更以其實對 輒使人復榜之 後二世使人驗斯 斯以爲如前 終不敢更言 辭服 奏當上 二世喜曰 微趙君 幾爲丞相所賣 及二世所使案三川之守至 則項梁已擊殺之 使者來 會丞相下吏 趙高皆妄爲反辭 二世二年七月 具斯五刑 論腰斬咸陽市① 斯出獄 與其中子俱執 顧謂其中子曰 吾欲與若復牽黃犬俱出上蔡東門逐狡兔 豈可得乎 遂父子相哭 而夷三族

① 二世二年七月～咸陽市이세이년칠월～함양시

신주 《사기지의》에서 말한다. "이사가 죽임을 당한 것을 《자치통감》에서는 이 〈이사열전〉에 의거하여 이세 2년이라 하지만, 〈진시황본기〉에서는 이사가 오형을 받은 것은 2년이고 사형판결을 받은 것은 3년 겨울이다. 아마 〈진시황본기〉가 옳을 것이다." 참고로 이때 정월은 10월이니, 겨울은 연초에 해당한다. 또 〈육국연표〉에는 2년이라 하여 〈이사열전〉과 같다.

이사가 죽고 나서 이세는 조고를 중승상中丞相에 제수하였는데, 일은 크고 작고를 가릴 것 없이 번번이 조고에 의해 결정되었다. 조고는 스스로 권세가 막중한 것을 알고 이에 사슴을 바치고 말이라고 일렀다. 이세가 좌우에게 물었다.

"이것은 사슴인가?"

좌우에서 모두 말했다.

"말입니다.①"

이세는 깜짝 놀라 스스로 현혹되었다고 여겨서 이에 태복太卜을 불러서 점괘를 뽑아 말하라고 했다. 태복이 말했다.

"폐하께서는 봄과 가을에 교제郊祭를 지내고 종묘의 귀신들을 받드실 때 재계를 밝게 하지 못하셔서 이렇게 되었습니다. 성대한 덕에 의지하시려면 재계를 깨끗하게 해야 합니다."

이에 상림上林으로 들어가 재계하였다.② 날마다 놀고 사냥했는데 길을 가는 사람이 상림 안으로 들어온 일이 있으면 이세는 직접 활을 쏘아 죽였다. 조고는 그 사위인 함양현령 염락閻樂에게 명령하여 '어떤 사람이 사람을 죽여서 상림에 가져다 놓았다.'라고 탄핵하게 했다. 조고는 이에 이세에게 간언했다.

"천자께서 아무 까닭 없이 죄 없는 사람을 해치고 죽였는데, 이는 상제上帝께서 금하는 것입니다. 귀신은 흠향하지 않을 것이며 하늘이 또 재앙을 내릴 것이니, 마땅히 궁을 피해서 기도하십시오."

이세는 이에 나가서 망이궁望夷宮에서 거처했다.

李斯已死 二世拜趙高爲中丞相 事無大小輒決於高 高自知權重 乃獻鹿 謂之馬 二世問左右 此乃鹿也 左右皆曰 馬也① 二世驚 自以爲惑 乃召太卜 令卦之 太卜曰 陛下春秋郊祀 奉宗廟鬼神 齋戒不明 故至于此 可依盛德而明齋戒 於是乃入上林齋戒② 日游弋獵 有行人入上林中 二世自射殺之 趙高教其女壻咸陽令閻樂劾不知何人賊殺人移上林 高乃諫二世曰 天子無故賊殺不辜人 此上帝之禁也 鬼神不享 天且降殃 當遠避宮以禳之 二世乃出居望夷之宮

① 左右皆曰 馬也좌우개왈 마야

신주 〈진시황본기〉에서 누구는 사슴이라 하고 누구는 말이라고 했다. 이세는 그래서 태복을 불러 점을 치게 했다고 하였으니, 〈진시황본기〉 기록과 약간의 차이가 있다.

② 入上林齋戒입상림재계

신주 《사기지의》에서 말한다. "이 아래로 서술된 일들은 〈진시황본기〉와 다르다."

3일을 머물렀는데 조고가 거짓으로 호위 무사들에게 조서를 내려서 무사들로 하여금 모두 흰옷을 입고 병기를 가지고 궁 안으로 향하도록 하고, 들어가서 이세에게 고했다.

"산동의 도적 떼 병사들이 대거 이르렀습니다!"

이세가 관망대 위에서 보고 두려워하자, 조고는 이에 겁박하여 자살하게 했다. (조고가) 옥새를 끌어당겨 자신이 찼는데 좌우의 모든 관리들은 따르지 않았으며 전당殿堂에 올랐는데 전당이 무너지려는 일이 세 번 계속되었다. 조고는 스스로 하늘이 주지 않고 여러 신하들도 허락하지 않는 것을 알고 곧 진시황의 아우를 불러서 옥새를 주었다.[①]

자영子嬰이 즉위하고 조고를 두려워해 이에 병을 핑계로 정사를 돌보지 않았으며, 환관 한담韓談과 그 아들과 함께 조고를 죽일 것을 모의했다. 조고가 올라와 배알하고 문병하자, 그 기회로 불러들여서 한담을 시켜서 찔러 죽이게 하고 조고의 삼족을 모두 죽였다.

자영이 즉위한 지 3개월,[②] 패공沛公(한고조 유방)의 군사가 무관武關을 따라 쳐들어와 함양에 이르자 모든 신하와 관리는 모두 배반하고 대적하지 않았다.[③] 자영은 처자와 함께 스스로 그 목에 인끈을 매고 지도軹道[④] 부근에서 항복했다. 패공이 이에 그들을 관리에게 맡겼다. 항왕項王(항우)가 이르러 자영의 목을 베니 마침내 (진나라는) 천하를 잃어버렸다.

留三日 趙高詐詔衛士 令士皆素服持兵內鄉 入告二世曰 山東群盜兵大至 二世上觀而見之 恐懼 高卽因劫令自殺 引璽而佩之 左右百官莫從 上殿 殿欲壞者三 高自知天弗與 群臣弗許 乃召始皇弟 授之璽[①]

子嬰卽位 患之 乃稱疾不聽事 與宦者韓談及其子謀殺高 高上謁 請病因召入 令韓談刺殺之 夷其三族 子嬰立三月② 沛公兵從武關入 至咸陽 群臣百官皆畔 不適③ 子嬰與妻子自係其頸以組 降軹道④旁 沛公因以屬吏 項王至而斬之 遂以亡天下

① 召始皇帝 授之璽소시황제 수지새

집해 서광이 말했다. "어떤 판본에는 '시황제의 아우 자영子嬰을 불러서 옥새를 주었다.'로 되어 있다. 〈진본기〉에서 '자영은 이세의 형의 아들이다.'라고 했다."

徐廣曰 一本曰 召始皇弟子嬰 授之璽 秦本紀云 子嬰者 二世之兄子也

색은 유씨가 말했다. "'제弟' 자는 잘못되었고 마땅히 '손孫' 자가 되어야 한다. 자영은 이세의 형의 아들이다."

劉氏云 弟字誤 當爲孫 子嬰 二世兄子

② 子嬰立三月자영립삼월

신주 〈진시황본기〉에는 46일이라 했다.

③ 不適부적

집해 서광이 말했다. "適의 발음은 '적敵'이다."

徐廣曰 適音敵

신주 敵으로 해독해야 한다는 뜻이다.

④ 軹道지도

정의 지도는 만년현 동북쪽 16리에 있다.
軹道在萬年縣東北十六里

태사공은 말한다.

이사는 시골 출신으로 제후국을 거쳐 진나라로 들어가서 섬겼다. 여러 나라가 틈이 벌어지자 시황제를 보좌하여 마침내 제업을 성취했다. 이사는 삼공이 되었으니 높이 등용되었다고 이를 만하다. 이사는 육예六藝의 귀착점을 알았으나 밝은 정치로 주상의 결점을 보완하는 것에 힘쓰지 않았고, 무거운 작위와 녹봉을 가졌지만 아부하여 따르고 구차하게 영합했다. 혹독한 형벌을 위엄으로 삼았고 조고의 사특한 설득을 듣고 적자를 폐하고 서자를 세웠다.

제후들이 반기를 들고 나서야 이사는 이에 간쟁하고자 했으나 또한 늦지 않았는가! 사람들이 모두 이사는 지극히 충성했지만 오형五刑을 당해 죽었다고 했는데, 그 근본을 살펴보면 세속의 의론과는 다르다. 그렇지 않았다면 이사의 공로는 또 주공周公과 소공召公과 함께 나열되었을 것이다.

太史公曰 李斯以閭閻歷諸侯 入事秦 因以瑕釁 以輔始皇 卒成帝業 斯爲三公 可謂尊用矣 斯知六蓺之歸 不務明政以補主上之缺 持爵祿之重 阿順苟合 嚴威酷刑 聽高邪說 廢適立庶 諸侯已畔 斯乃欲諫爭 不亦末乎 人皆以斯極忠而被五刑死 察其本 乃與俗議之異 不然 斯之功且與周召列矣

색은술찬 사마정이 펼쳐서 밝히다.

쥐의 처지는 사는 곳에 달렸고 사람은 참으로 택한 땅에 달렸다. 이사는 지혜와 능력을 발휘해서 공은 세워지고 명성은 완수되었다. 함양에서 술자리를 차렸을 때 신하로는 최고의 자리에 있었다. 사내 하나에 미쳐 유혹되어 신기神器①를 고쳐 바꾸었다. 국가는 망하고 몸은 죽었으니 본질은 같았지만 끝은 달랐구나!

鼠在所居 人固擇地 斯效智力 功立名遂 置酒咸陽 人臣極位 一夫誑惑 變易神器① 國喪身誅 本同末異

① 神器신기

신주 신기는 조상에게 제사할 제물을 담는 그릇이다. 종묘에서 조상에게 제사를 주관하여 올리는 사람은 군주이므로, 그 의미가 확장되어 '군주'를 뜻한다.

사기 제88권 史記卷八十八

몽염열전 蒙恬列傳

사기 제88권 몽염열전 제28

史記卷八十八 蒙恬列傳第二十八

신주 몽염蒙恬은 원래 제나라 사람인데, 그 조부 몽오蒙驁가 진나라로 귀부하면서 진나라 사람이 되었다. 조부 몽오, 부친 몽무蒙武, 동생 몽의는 모두 진나라의 장군이자 중신이었다. 또한 토끼털을 이용해 붓을 만드는 기법을 알았기 때문에 몽염을 '필조筆祖'(붓의 시조)라고도 불린다. 진 시황이 제나라를 멸망시킬 때 몽염은 큰 공을 세워서 내사內史에 임명되고, 진나라가 육국六國을 통일한 뒤 30만 대군을 이끌고 흉노匈奴를 정벌하여 하남河南 땅을 차지한다. 이듬해 지금의 감숙성 임조臨洮에서 하북성 요동遼東까지 옛 전국시대의 장성들을 보수하고 이어서 만리장성萬里長城을 완성한다.

시황제始皇帝가 죽고 환관 조고趙高와 승상 이사李斯가 서자 호해胡亥를 즉위시키고 시황의 장자 부소扶蘇와 몽염에게 자결하라는 조서를 위조해 내리자 부소는 자결하고 몽염은 이의를 제기했지만 끝내 강제로 자결해야 했다. 이때 만리장성을 쌓느라고 지맥을 끊은 죄로 죽는다는 말을 남겼다.

그러나 그가 억울하게 죽었음에도 사마천은 "내가 북쪽 변방에 갔다가 직도直道로 돌아왔는데, 길을 가면서 몽염이 진을 위해 쌓은 장성의 보루를 보니 산을 깎고 골짜기 메워 직도로 통하게 했다. 정말이지 백성의 힘을 가벼이 여긴 것이다."라고 비판하고 "몽염은 명장으로서 이때 강력하게 간하여 백성의 급한 일을 돕고 노인과 고아들을 돌보면서 백성이 평안하게 지낼 수 있게 힘을 쓰지 않고 오히려 (황제의) 뜻에 맞추어 큰 공사를 일으켰으니 그 형제가 죽임을 당한 것도 마땅하지 않겠는가? 어찌 지맥 끊은 죄를 운운한단 말인가?"라고 하며 백성을 돌보지 않고 큰 공사를 일으킨 것에 대해 질책하고 있다.

조고와의 악연

몽염은 그 선조가 제나라 사람이다. 몽염의 할아버지 몽오蒙驁[①] 는 제나라 출신으로 진나라 소왕昭王을 섬겨서 관직이 상경上卿에 이르렀다.

진나라 장양왕 원년(서기전 249), 몽오는 진나라 장수가 되어 한나라를 정벌하여 성고成皐와 형양滎陽을 빼앗아 삼천군을 설치하게 했다.

2년, 몽오는 조나라를 공격해 37개 성을 빼앗았다.

시황 3년, 몽오는 한나라를 공격해 13개의 성을 빼앗았다.

5년, 몽오는 위나라를 공격해 20개 성을 빼앗고 동군을 설치하게 했다.

시황 7년, 몽오가 죽었다. 몽오의 아들은 무武이고 무의 아들이 염恬이다. 몽염은 일찍이 옥사를 기록하여 문서를 담당했다.[②]

시황 23년, 몽무는 진나라 비장裨將이 되어 왕전王翦과 함께 초나라를 공격하여 크게 쳐부수고 항연項燕을 죽였다.

24년, 몽무는 초나라를 공격해 초왕을 포로로 잡았다. 몽염의 아우는 몽의蒙毅이다.

蒙恬者 其先齊人也 恬大父蒙驁① 自齊事秦昭王 官至上卿 秦莊襄王元年 蒙驁爲秦將 伐韓 取成皐滎陽 作置三川郡 二年 蒙驁攻趙 取三十七城 始皇三年 蒙驁攻韓 取十三城 五年 蒙驁攻魏 取二十城 作置東郡 始皇七年 蒙驁卒 驁子曰武 武子曰恬 恬嘗書獄典文學② 始皇二十三年 蒙武爲秦裨將軍 與王翦攻楚 大破之 殺項燕 二十四年 蒙武攻楚 虜楚王 蒙恬弟毅

① 驁오

색은 驁의 발음은 '오敖'이다. 또 추씨도 '오[五到反]'로 발음한다고 했다. 音敖 又鄒氏音五到反

신주 몽오蒙驁(?~서기전 240)는 본래 제齊나라 사람이었다. 《전국책戰國策》에는 몽오蒙傲로 나온다. 제나라에서 진秦나라로 건너간 후 벼슬이 상경上卿에 이르렀다. 진나라에서 소양왕昭襄王, 효문왕孝文王, 장양왕莊襄王의 4대를 섬기면서 여러 차례 출정해서 앞뒤로 한韓나라의 10여 개성을 탈취하고, 조趙나라의 30여개 성을 탈취하고, 위魏나라의 50여 개성을 탈취해서 진나라가 삼천군三川郡과 동군東郡을 차지하고 진나라 강역이 제나라와 접하게 되어 한나라, 위나라와 삼면을 포위하는 형세를 만들었고, 훗날 진시황이 통일하는 기초를 만들었다. 그 아들 몽무蒙武와 그 손자 몽염蒙恬, 몽의蒙毅도 모두 진나라의 장수이자 중신이 되었다.

몽성蒙姓, 몽씨蒙氏의 기원에 대해 삼황三皇의 첫째인 복희伏羲씨의 아들이 황제黃帝의 후손 전욱顓頊 고양씨高陽氏의 후예 노동老童이 현재의 산동성山東省 몽국蒙國에 봉함을 받으면서 봉국의 명칭이 씨氏가 되었다는 연구가 있다. 이에 따르면 몽씨는 동이족이다.

② 獄典文學옥전문학

색은 몽염은 일찍이 옥법을 배웠으며 마침내 옥관이 되어서 문학文學을 맡은 것을 이른다.

謂恬嘗學獄法 遂作獄官 典文學

신주 옥사에서 옥사의 판결문을 쓰는 일이다.

시황 26년, 몽염은 집안의 가계를 계승해 진나라 장군이 되어 제나라를 공격해 크게 쳐부수었으며[①] 내사內史에 제수되었다.

진나라는 천하를 합치고 나서 곧 몽염에게 30만의 군사를 거느려 북쪽으로 융적戎狄을 쫓아내고 하남河南[②]을 차지하게 했다. 지형에 따라 장성을 쌓아서 험준한 요새를 만들어 사용했는데, 임조臨洮[③]에서 시작하여 요동遼東[④]에 이르니 뻗은 길이는 1만 여리나 되었다. 이에 하수를 건너 양산陽山[⑤]에 의지하고 뱀처럼 구불구불하게 북쪽까지 닿았다. 밖에서 10여 년간 군사들을 노숙시키면서[⑥] 상군上郡에서 주둔했다. 이때 몽염의 위엄은 흉노에게까지 떨쳤다. 시황은 몽씨를 매우 존경하고 총애했으며 신임하고 현명하다고 여겼다.

몽의를 친근하게 하여 지위는 상경上卿에 이르렀다. 나가면 수레에 타게 하고 들어오면 앞에서 모시게 했다. 몽염은 밖의 일을 맡았고 몽의는 항상 안에서 계획해서 명성은 충성과 믿음이 되었으므로, 비록 여러 장수와 재상이라 하더라도 감히 그들과 (신임을) 다투지 못했다.

始皇二十六年 蒙恬因家世得爲秦將 攻齊 大破之[①] 拜爲內史 秦已并天下 乃使蒙恬將三十萬衆北逐戎狄 收河南[②] 築長城 因地形 用制險塞 起臨洮[③] 至遼東[④] 延袤萬餘里 於是渡河 據陽山[⑤] 逶蛇而北 暴師於外十餘年[⑥] 居上郡 是時蒙恬威振匈奴 始皇甚尊寵蒙氏 信任賢之 而親近蒙毅 位至上卿 出則參乘 入則御前 恬任外事而毅常爲內謀 名爲忠信 故雖諸將相莫敢與之爭焉

① 攻齊 大破之공제 대파지

신주 제나라를 차지할 때 총사령관은 왕분王賁이었으니, 몽염은 왕분군에 소속된 장군이었다.

② 河南하남

정의 영주靈州와 승주勝州 등의 주를 일컫는다.

謂靈勝等州

신주 장수절은 하남을 영주와 승주라고 말했는데, 영주는 한혜제漢惠帝 4년(서기전 191) 영주현을 설치해서 북지군北地郡에 속하게 했다. 북지군은 진 소양왕 36년(서기전 271) 의거국義渠國을 멸망시키고 설치했는데 군치郡治는 의거현으로 지금의 감숙성 경양시慶陽市 영현寧縣으로 비정한다. 승주는 수나라 개황開皇 20년(600)에 운주云州의 유림楡林, 부창富昌, 금하金河의 3개 현을 떼어서 설치했는데, 치소治所는 유림현이었다.

대체로 황하 만곡부 남쪽인 내몽골 지역 '오르도스' 지방을 말하는데, 황하가 북쪽으로 볼록하게 흐르는 곳의 남쪽을 하남이라고 한다. 명나라 때 쌓은 장성이 하남을 관통하여 서남쪽에서 동북쪽으로 비스듬히

뻗어 있으므로, 실제로 진나라가 이 북쪽 하남까지 차지했을지는 의문이 있으므로 더 많은 연구가 필요하다.

③ 臨洮임조

집해 서광이 말했다. "농서군에 속한다."

徐廣曰 屬隴西

신주 임조는 고대에는 적도狄道라고 불렀는데 감숙성 정서시定西市에 속해 있다. 경내에 황하 상류의 가장 큰 지류인 조하洮河가 있어서 임조라고 불렀다. 감숙성 중부이고, 정서시 서부로서 황토고원과 청장青藏고원이 교차하는 지역에 있다. 주안왕周安王 18년(서기전 384)에 적도현狄道縣을 설치했고, 진소왕秦昭王 27년(서기전 280) 농서군隴西郡을 설치했다.

④ 遼東요동

정의 요동군은 요수 동쪽에 있다. 시황이 장성을 쌓고 동쪽 요수에 이르렀으며 서남쪽 바다에 이르렀다.

遼東郡在遼水東 始皇築長城東至遼水 西南至海(之上)

신주 진나라 만리장성은 북쪽으로 흉노와 동북쪽으로 (고)조선의 침공을 막기 위해 쌓은 것인데, 그 서쪽은 임조臨洮이고 동쪽은 요동遼東까지였다. 장성은 통일 진나라 때 모두 쌓은 것이 아니라 전국시대 진나라 장성, 조나라 장성, 연나라 장성을 연결한 것이다. 이때 진장성 동단인 요동의 위치는 고대 한중 국경의 핵심이 된다. 현재는 요녕성 요하遼河 동쪽을 요동, 서쪽을 요서遼西라고 하는데 이는 요遼나라부터 명明나라 시기에 형성된 후대 인식이고 고대 요동의 위치는 달랐다. 《사기》 〈몽염열전〉은 진나라 장성이 '임조에서 요동까지'라고 말했지만, 《수경주水經注》〈하수河水〉 조는 '진시황이 태자 부소扶蘇와 몽염에게 장성長城을 쌓게 했는데, 임조에서 시작해서 갈석까지 이르렀다.[始皇令太子扶蘇與蒙恬築長城 起自臨洮 至于碣石]'라고 말하고 있다. 이는 진시황이 쌓은 장성의 끝인 요동이 갈석산이라는 뜻이다. 이는 한고조 유방劉邦의 손자인 유안劉晏(서기전 179~서기전 122)이 편찬한 《회남자淮南子》〈시측훈時則訓〉에 '오위: 동방의 끝, 갈석산으로부터 (고)조선을 지나 대인의 나라를 통과한다.[五位: 東邦之極 自碣石山過朝鮮 貫大人之國]'고 한 기록과도 상통한다. 이 갈석산은 현재 하북성 창려현昌黎縣에 있는데, 진시황, 이세황제 호해, 한무제, 조조 등 아홉 황제가 올랐다고 해서 '9등황제산九登皇帝山'이라고 불리는 유명한 산이다. 이 갈석산을 현재 하북성 중부 기중冀中 평원 서부의 보정시保定市 인근의 낭아산狼牙山이나 백석산白石山으로 비정하는 견해들도 있다. 그러나 갈석산은 《사기》부터 《청사고》까지 25사에 빠지지 않고 등장하는 유명한 산인데, 이 갈석산을 지금의 낭아산이나 백석산으로 비정한 경우가 전무하다. 또한 지형으로 살펴볼 경우 평야 지대인 보정시가 고조선과 진한秦漢의 국경이었다면 방어하기가 아주 곤란하다는 점과 진시황이 통일 후 보정시 남부를 항산군恒山君으로 삼고, 북부를 광양군廣陽君으로 삼았고, 한漢나라에 이 지역을 탁군涿郡과 중산국中山國으로 나누었다는 사실과 상충된다.

진말과 한초에 고대 요동은 〈진초지제월표〉에 현재 당산시 옥전玉田인 무종無終이 요동국의 도읍으로 나와 있어 지금의 요동과는 다르다. 무종은 현재 난하 서쪽에 있다. 위에 정의 주석에서 요수가 서남쪽 바다에 이르렀다고 하였는데 서남쪽 바다는 임조군 서쪽에 있는 거대한 호수 청해青海를 가리킨다. 진나라 만리장성은 현재의 감숙성 임조에서 하북성 갈석산 부근까지였다.

만리장성이 가장 동쪽까지 왔을 때가 명나라 때 하북성 진황도 산해관까지로서 여진족을 막기 위한 것이었다. 그런데 1910년 조선총독부의 이나바 이와기치稻葉岩吉가 〈진장성 동단고東端考〉에서 진나라 장성의 동쪽 끝이 지금의 황해도 수안까지 연결되었다고 한 것을 기점으로 1930년 중국의 왕국량王國良이 《중국장성연혁고中國長城沿革考》에서 진나라 장성이 평양까지 내려왔다는 주장이 더해지면서 진 장성이 한반도 북부까지 축조되었다고 하는 조작설이 기정사실화가 되었다. 여기에 일제 패전 후 조선총독부 조선사편수회 출신의 이병도가 〈낙랑군고〉에서 이나바 이와기치의 견해를 추종하고 받아들임으로써 이러한 황당한 조작설이 한중일에 모두 통용되고 있다. 이나바 이와기치는 원래 제국주의 침략사관에 앞장 서던 관변학자이고 이병도는 일제에 부역하던 어용학자이며, 중국의 왕국량은 중국을 침략하던 일제의 침략사관을 추종하고 있다. 현재 중국 북경 천안문 광장의 중국국가박물관과 감숙성 가곡관의 장성박물관은 그들의 주장을 받아들여 모두 진한시대의 지도에 만리장성의 동쪽 끝이 평양으로 그려놓고 있다. 이나바 이와기치의 이 황당한 조작설에 중국의 이해타산적 결과물을 남한의 주류 역사학계가 명확한 근거없이 이를 추종하고 있어 우리 역사의 한계점을 여실히 보여주는 한 예이다.

⑤ 陽山양산

집해 서광이 말했다. "오원군 서안양현의 북쪽에 음산이 있다. 음산은 하남에 있고 양산은 하북에 있다.

徐廣曰 五原西安陽縣北有陰山 陰山在河南 陽山在河北

신주 오늘날 음산이란 지명은 오히려 하북에 있다. 또 〈진시황본기〉에는 양산 일대에는 장성이 아니라 정장亭障을 쌓았다고 하여 달리 말하고 있다.

⑥ 暴師於外十餘年폭사어외십여년

신주 《사기지의》에서 말한다. "몽염이 시황 32년에 군사를 거느리고 호胡를 치고부터 37년에 죽기까지 앞뒤로 겨우 6년이다. 그러나 10년이라고 언급하고 있어 〈주보언열전〉 및 〈흉노열전〉과 함께 잘못되었다."

조고는 여러 조씨에서 소외된 일족이었다. 조고는 형제가 여럿이 있었는데 모두 은궁隱宮[①]으로 살았으며 그 어머니는 형벌을 받고 죽어서 대대로 비천했다. 진왕은 조고가 힘이 세고 옥사獄事의 법률에 통달했다는 소문을 듣고 등용해서 중거부령中車府令으로 삼았다. 조고는 곧 사사롭게 공자 호해胡亥를 섬기고 옥사獄事를 판결하는 법을 깨우쳐 주었다. 조고가 큰 죄를 짓자 진왕은 몽의를 시켜서 법대로 다스리게 했다. 몽의는 감히 법을 굽히지 않고 조고가 죽을죄에 해당한다고 하고 그를 환관의 명부에서 제적했다. 시황제는 조고가 일에 돈독하다고[②] 여겨서 그를 사면하고 그 관직과 작위를 되돌려주었다.
시황은 천하를 유람하고자 구원九原[③]에서 곧바로 감천甘泉[④]에 이르는 길을 닦게했다. 이에 몽염을 시켜서 길을 내게 했는데 구원부터 감천에 이르도록 산을 깎고 계곡을 메운 것이 1,800리였다. 그러나 도로는 완성되지 못했다.

趙高者 諸趙疏遠屬也 趙高昆弟數人 皆生隱宮[①] 其母被刑僇 世世卑賤 秦王聞高彊力 通於獄法 擧以爲中車府令 高旣私事公子胡亥 喩之決獄 高有大罪 秦王令蒙毅法治之 毅不敢阿法 當高罪死 除其宦籍 帝以高之敦[②]於事也 赦之 復其官爵 始皇欲游天下 道九原[③] 直抵甘泉[④] 迺使蒙恬通道 自九原抵甘泉 塹山堙谷 千八百里 道未就

① 隱宮은궁

집해 서광이 말했다. "환관이다."

徐廣曰 爲宦者

색은 유씨가 말했다. "아마 그 아버지는 궁형宮刑을 받았고 처자는 몰수되어 관청의 노비가 되었는데, 처는 뒤에 야합해서 자식을 낳아 모두 조씨 성을 이었고 아울러 궁으로 갔으므로 '형제생은궁兄弟生隱宮'이라 했을 것이다. '은궁'이란 환관을 일컬은 것이다."

劉氏云 蓋其父犯宮刑 妻子沒爲官奴婢 妻後野合所生子皆承趙姓 竝宮之 故云兄弟生隱宮 謂隱宮者 宦之謂也

② 敦돈

집해 서광이 말했다. "돈敦은 다른 판본에는 '민敏'으로 되어 있다."

徐廣曰 敦 一作敏

③ 九原구원

정의 구원군은 지금 승주 연곡현連谷縣이 이곳이다.

九原郡 今勝州連谷縣是

④ 甘泉감천

정의 궁으로 옹주에 있다.

宮在雍州

시황 37년, 겨울에 행차하여 회계로 유람을 나가 바다를 나란히 하고[①] 북쪽 낭야琅邪로 향했다.[②] 도중에 병이 나서 몽의를 시켜 산천에 기도하고 돌아오도록 했는데, 아직 돌아오지 못했다. 시황은 사구沙丘에 이르러 붕어했는데 비밀에 부쳤으므로 신하들은 알지 못했다.

이때 승상 이사와 공자 호해와 중거부령 조고가 항상 따랐다. 조고는 본래부터 호해에게 총애를 얻어서 그를 세우고 싶어 했다. 또 몽의가 법대로 자신을 다스려 자기를 위해 주지 않은 것을 원망하고 그 일로 인해 적개심을 가지고 있었다. 이에 승상 이사와 공자 호해와 함께 몰래 계획해서 호해를 세워서 태자로 삼았다.

태자가 (황제로) 즉위하고 나자 사신을 보내 죄를 씌워 공자 부소와 몽염에게 죽음을 내렸다. 부소는 이미 죽었지만 몽염은 의심하고 다시 청했다. 사자는 몽염을 관리에게 맡겨서 다시 감옥에 가두었다. 호해는 이사의 사인을 호군護軍으로 삼았다.[③] 사자가 돌아와서 보고했다. 호해는 부소가 죽었다는 소식을 듣고 나서 곧바로 몽염을 석방하고자 했다. 조고는 몽씨들이 다시 귀해져 권력을 휘두를 것을 두려워하고 원망했다.

始皇三十七年冬 行出游會稽 竝[①]海上 北走[②]琅邪 道病 使蒙毅還禱山川 未反 始皇至沙丘崩 祕之 群臣莫知 是時丞相李斯公子胡亥中車府令趙高常從 高雅得幸於胡亥 欲立之 又怨蒙毅法治之而不爲己也 因有賊心 迺與丞相李斯公子胡亥陰謀 立胡亥爲太子 太子已立 遣使者以罪賜公子扶蘇蒙恬死 扶蘇已死 蒙恬疑而復請之 使者以蒙恬屬吏更置 胡亥以李斯舍人爲護軍[③] 使者還報 胡亥已聞扶蘇死 卽欲釋蒙恬 趙高恐蒙氏復貴而用事 怨之

① 竝병

색은 竝의 발음은 '방[白浪反]'이다.

竝音白浪反

② 走주

색은 走의 발음은 '주奏'이다. 주走는 향向과 같다. 추씨는 '추趨'로 발음한다고 했는데, 추趨 또한 향한다는 뜻이니 (본문의) 글자에서 곧 어긋났다.

走音奏 走猶向也 鄒氏音趨 趨亦向義 於字則乖

③ 李斯舍人爲護軍이사사인위호군

신주 〈이사열전〉에서 몽염의 군대를 비장 왕리王離에게 맡기라고 했는데, 그 왕리를 감독하기 위해 중앙에서 파견한 것이 호군이다.

몽의가 돌아오자 조고는 그것을 기회로 호해에게 충실하게 꾸민 계책으로 몽씨를 멸하고자 이에 말했다.

"신이 듣기에 선제께서는 현명한 자를 내세워 태자를 세우고자 한 것이 오래되었는데 몽의가 간하기를 '안 됩니다.'라고 했다고 합니다. 만일 현명한 것을 알고도 건너뛰어[①] 세우지 않았다면 이 것은 불충이고 군주를 현혹한 것입니다. 신의 생각으로는 죽이는 것만 못할 것입니다."

호해는 조고의 말을 듣고 몽의를 대代[②]에서 체포했다. 앞서 이미 몽염을 양주陽周에 가두었다. (시황의) 상喪이 함양에 이르러 장례를 치르고 나자 태자가 즉위하여 이세 황제가 되었고, 조고가 가까이하여 밤낮으로 몽씨들을 미워하고 헐뜯어 그들의 죄악을 찾아서 들어 탄핵할 것을 거론했다.

자영이 나아가 간해서 말했다.

"신이 듣기에 옛날 조나라 왕 천遷은 그 충량한 신하 이목李牧을 살해하고 안취顔聚를 등용했고, 연나라 왕 희喜는 몰래 형가의 계책을 채용해 진나라와 맺은 약속을 배반했으며, 제나라 왕 건建은 예부터 대대로 내려오는 충신들을 살해하고 후승后勝의 의론을 사용했습니다.

이 세 군주는 모두 각각 옛것을 변화시켜서 국가도 잃었고 재앙이 자신들에게 이르렀습니다. 지금 몽씨들은 진나라 대신이며 모사謀士인데 군주께서 하루아침에 버리고자 하시니, 신은 간절히 안 된다고 여깁니다. 신이 듣기에 생각을 가볍게 하는 자는 국가를 다스리지 못하고 홀로 지혜로운 자는 군주[③]를 보존하지 못한다고 했습니다.

충신을 처벌하여 살해하고 절개와 행동이 없는 사람들을 세운다면, 이는 안으로 여러 신하로 하여금 서로 믿지 못하게 하고 밖으로 투사들의 뜻을 떠나게 하는 것입니다. 신은 간절히 안 된다고 여깁니다."

毅還至 趙高因爲胡亥忠計 欲以滅蒙氏 乃言曰 臣聞先帝欲擧賢立太子久矣 而毅諫曰 不可 若知賢而俞①弗立 則是不忠而惑主也 以臣愚意 不若誅之 胡亥聽而繫蒙毅於代② 前已囚蒙恬於陽周 喪至咸陽 已葬 太子立爲二世皇帝 而趙高親近 日夜毁惡蒙氏 求其罪過 擧劾之 子嬰進諫曰 臣聞故趙王遷殺其良臣李牧而用顔聚 燕王喜陰用荊軻之謀而倍秦之約 齊王建殺其故世忠臣而用后勝之議 此三君者 皆各以變古者失其國而殃及其身 今蒙氏 秦之大臣謀士也 而主欲一旦棄去之 臣竊以爲不可 臣聞輕慮者不可以治國 獨智者不可以存君③ 誅殺忠臣而立無節行之人 是內使群臣不相信而外使鬭士之意離也 臣竊以爲不可

① 兪유

색은 유兪는 곧 건너뛰는 것이다. 兪의 발음은 '유臾'이다. 태자가 현명한 것을 알았으나 건너뛰어 오래도록 세우지 않았으니 곧 불충이라고 했다.

俞卽踰也 音臾 謂知太子賢而踰久不立 是不忠也

② 代대

정의 지금의 대주代州이다. 산천에 기도하고 대代에 이르렀다가 체포된 것이다.

今代州也 因禱山川至代而繫之

③ 君군

집해 서광이 말했다. "한편 이 글자가 없다."

徐廣曰 一無此字

허망한 최후

호해는 들어주지 않았다. 이에 어사御史 곡궁曲宮[①]을 보내 역마를 타고 대代로 가게 하여 몽의에게 명령을 전하게 했다.

"선주께서는 태자를 세우고자 했는데 경은 그것을 난감하게 여겼다. 지금 승상은 경이 불충하다면서 죄가 그 종족에까지 이른다고 했다. 짐이 차마 못 하고 경에게 죽음을 내리는 것을 또한 매우 다행으로 여기라. 경은 그렇게 하라."

몽의가 대답했다.

"신이 선주의 뜻을 얻지 못했다고 하지만, 신은 젊어서 관리가 되어 돌아가실 때까지 순종하고 총애를 받았으니 뜻을 알았다고 일컬을 수 있습니다.[②] 신이 태자의 능력을 알지 못했다고 하지만, 태자께서 홀로 순행에 따라서 천하를 주유하신 것은 여러 공자를 제치고 뛰어넘었기 때문이며 신은 의심한 바가 없었습니다. 대저 선주께서 태자를 등용하신 것은 여러 해가 쌓인 것입니다. 신이 어떤 말로 감히 간하겠으며 어떤 생각으로 감히 계획하겠습니까. 감히 말을 꾸며서 죽음을 피하여 선주의 명예에 부끄러움을 끼치지는 않겠습니다. 원컨대 대부께서 생각하시고 신으로 하여금 실정을 알고 죽게 해 주십시오.

胡亥不聽 而遣御史曲宮[①]乘傳之代 令蒙毅曰 先主欲立太子而卿難之 今丞相以卿爲不忠 罪及其宗 朕不忍 乃賜卿死 亦甚幸矣 卿其圖之 毅對曰 以臣不能得先主之意 則臣少宦 順幸沒世 可謂知意矣[②] 以臣不知太子之能 則太子獨從 周旋天下 去諸公子絕遠 臣無所疑矣 夫先主之舉用太子 數年之積也 臣乃何言之敢諫 何慮之敢謀 非敢飾辭以避死也 爲羞累先主之名 願大夫爲慮焉 使臣得死情實

① 曲宮곡궁

색은 곡曲은 성이고 궁宮은 이름이다.

曲姓宮名

② 可謂知意矣가위지의의

색은 몽의의 말은 자기는 젊어서 진시황을 섬겨 뜻을 따라서 총애를 입었으며, 진시황이 세상을 떠나자 주상의 뜻을 알았다고 일컬을 수 있었다는 것이다.

蒙毅言己少事始皇 順意因蒙幸 至始皇沒世 可謂知上意

또 순종하여 온전한 것을 성취한 것은 도道에서 귀하게 여기는 것입니다. 형벌을 받아 죽는 것은 도에서 끝으로 여기는 것입니다. 옛날 진목공은 세 어진 신하를 죽여 순장시켰으며, 백리해百里奚를 죄 주었는데 그의 죄가 아니었습니다. 그러므로 시호를 세워

'목繆'(어그러지다)이라고 했습니다. 소양왕은 무안군武安君 백기를 죽였습니다. 초나라 평왕은 오사伍奢를 죽였습니다. 오왕 부차는 오자서를 죽였습니다.

이 네 명의 군주는 모두 크게 실수하여 천하에서 비난하고 그 군주를 현명하지 못하다고 여겼으며, 이로써 제후들에게 퍼졌습니다.[①] 그러므로 '도를 사용해서 다스리는 자는 죄 없는 자를 죽이지 않고 벌은 허물없는 자에게 더하지 않는다.'라고 했습니다. 오직 대부께서는 마음을 남겨주십시오."

사자는 호해의 뜻을 알았으므로 몽의의 말을 들어주지 않고 마침내 죽였다.

且夫順成全者 道之所貴也 刑殺者 道之所卒也 昔者秦穆公殺三良而死 罪百里奚而非其罪也 故立號曰 繆 昭襄王殺武安君白起 楚平王殺伍奢 吳王夫差殺伍子胥 此四君者 皆爲大失 而天下非之 以其君爲不明 以是籍於諸侯[①] 故曰 用道治者不殺無罪 而罰不加於無辜 唯大夫留心 使者知胡亥之意 不聽蒙毅之言 遂殺之

① 籍於諸侯자어제후

색은 그 나쁜 명성이 여러 나라에 낭자하게 퍼졌다는 말이다. 그러나 유씨가 "제후들의 모든 악을 사적에 기술했다."라고 한 것은 그릇되었다.

言其惡聲狼籍 布於諸國 而劉氏曰 諸侯皆記其惡於史籍 非也

이세는 또 사자를 양주陽周로 보내서 몽염에게 명령했다.

"그대는 잘못이 많으며 경의 아우 몽의는 큰 죄가 있어서 법이 내사內史(몽염)에게 이르렀다."

몽염이 말했다.

"나의 선조부터 자손에 이르기까지 진나라에서 공적과 믿음을 쌓은 지 3대째입니다. 지금 신은 군사 30여만 명을 거느리고 있어 몸이 비록 죄인으로 갇혀 있으나 그 세력은 배반하는 데 넉넉합니다. 그러나 스스로 반드시 죽을 것을 알면서도 의를 지키는 것은 감히 선조의 가르침을 치욕스럽게 하지 않고 선주先主를 잊지 않기 때문입니다.

옛날 주나라 성왕成王이 처음 즉위했을 때는 포대기를 벗어나지 못했지만, 주공 단旦은 왕을 업고 조회하여 마침내 천하를 안정시켰습니다. 성왕이 질병이 있어서 매우 위급해지자 주공 단은 직접 그 손톱을 깎아 하수에 던지며 말하기를 '왕이 아는 것이 있지 않아서 이 몸이 일을 집행한 것입니다. 죄의 재앙이 있다면 제가 상서롭지 못한 것을 받을 것입니다.'라고 했습니다. 이에 글을 문서 창고에 보관했으니 믿을 만하다고 일컬을 것입니다.

왕이 국가를 다스릴 능력이 되었을 때 해치려는 신하가 있어서 말하기를 '주공 단이 난을 일으키려고 한 지가 오래입니다. 왕께서 만약 대비하지 않는다면 반드시 큰일이 있을 것입니다.'라고 했습니다. 왕이 곧 크게 노하자 주공 단은 도망쳐 초나라로 달아났습니다.

성왕은 문서 창고에서 주공 단의 심서沈書(하수에 손톱을 던졌던 글)를 얻어 보게 되었습니다. 곧 눈물을 흘리면서 말하기를 '누가 주공 단이 난을 일으키려 한다고 일렀는가?'라면서 말한 자를 죽이고 주공 단을 돌아오게 했습니다. 그러므로 《상서》 〈주서〉에 이르기를 '반드시 삼경과 오대부로 하라.[①]'라고 했습니다.

지금 몽염의 종족에는 대대로 두 마음을 가진 자가 없었는데 일이 끝나는 것이 이와 같으니, 이는 반드시 얼신孽臣이 거역하고 어지럽혀[②] 안에서 능멸하는 길일 것입니다. 대저 성왕은 실수했지만 다시 구제해서 마침내 번창했고, 걸桀은 관용봉을 죽이고 주紂는 왕자 비간을 죽이고도 뉘우치지 않았기 때문에 자신은 죽고 국가는 망했습니다.

二世又遣使者之陽周 令蒙恬曰 君之過多矣 而卿弟毅有大罪 法及內史 恬曰 自吾先人 及至子孫 積功信於秦三世矣 今臣將兵三十餘萬 身雖囚繫 其勢足以倍畔 然自知必死而守義者 不敢辱先人之教 以不忘先主也 昔周成王初立 未離襁緥 周公旦負王以朝 卒定天下 及成王有病甚殆 公旦自揃其爪以沈於河 曰 王未有識 是旦執事 有罪殃 旦受其不祥 乃書而藏之記府 可謂信矣 及王能治國 有賊臣言 周公旦欲爲亂久矣 王若不備 必有大事 王乃大怒 周公旦走而奔於楚 成王觀於記府 得周公旦沈書 乃流涕曰 孰謂周公旦欲爲亂乎 殺言之者而反周公旦 故周書曰 必參而伍之[①] 今恬之宗 世無二心 而事卒如此 是必孼臣逆亂[②] 內陵之道也 夫成王失而復振則卒昌 桀殺關龍逢 紂殺王子比干而不悔 身死則國亡

① 必參而伍之필삼이오지

색은 삼參은 삼경이고 오伍는 곧 오대부이다. 삼경과 오대부로 번갈아 의논하고자 한 것이다.

參謂三卿 伍卽五大夫 欲參伍更議

신주 이는《주역》〈계사전繫辭傳 상〉에 나오는 말로서 "3으로 세고 5로 세어 변화시킨다.[參伍以變]"에서 나온 말로서 계속 반복함으로써 많은 변화를 이끌어내는 것을 뜻한다.

② 亂란

집해 서광이 말했다. "다른 판본에는 '사辭'로 되어 있다."
徐廣曰 一作辭

신이 그러므로 이른다면 '잘못은 구제할 수 있고 간하면 깨닫게 할 수 있다.'라고 하겠습니다.① 삼경과 오대부를 살피는 것은 가장 성스러운 법입니다. 대저 신의 말은 허물에서 벗어나려고 하는 것이 아니라 장차 간하다 죽으려는 것이니, 원컨대 폐하께서는 만백성을 위해 도를 따를 것을 생각하십시오."

사자가 말했다.

"신은 조서를 받아 장군에게 법을 집행하는 것이니 감히 장군의 말을 주상에게 알리지 못합니다."

몽염은 한숨 쉬며 크게 탄식하여 말했다.

"내가 하늘에 무슨 죄를 지었기에 잘못 없이 죽어야 하는가?"

한참을 있다가 서서히 말했다.

"내 죄는 진실로 죽음에 해당한다. 임조臨洮에서 일으켜 잇대어 요동까지 1만여 리에 성을 쌓고 참호를 팠으니, 이는 그 중간에 지맥을 끊지 않을 수 없었을 것이다. 이것이 내 죄로다."

이에 약을 삼키고 자살했다.

臣故曰過可振而諫可覺也① 察於參伍 上聖之法也 凡臣之言 非以求免於咎也 將以諫而死 願陛下爲萬民思從道也 使者曰 臣受詔行法於將軍 不敢以將軍言聞於上也 蒙恬喟然太息曰 我何罪於天 無過而死乎 良久 徐曰 恬罪固當死矣 起臨洮屬之遼東 城塹萬餘里 此其中不能無絶地脈哉 此乃恬之罪也 乃呑藥自殺

① 臣故曰過可振而諫可覺也신고왈과가진이간가각야

색은 이곳의 '고왈故曰'은 반드시 먼저 이러한 말이 있다는 뜻으로 몽염이 인용해서 설명을 이룬 것이다. 지금 어느 글에서 나온 것인지 모를 뿐이다. 진振은 구원하는 것이다. 그러나 문장은 또한 거꾸로 되었는데, 앞에서 사람이 간언을 받고 깨달을 수 있다면 그 허물을 구제할 수 있다는 말이다.

此故曰者 必先志有此言 蒙恬引之以成說也 今不知出何書耳 振者 救也 然語亦倒 以言前人受諫可覺 則其過乃可救

태사공이 말한다.

나는 북쪽 변방에 갔다가 직도直道를 따라 돌아왔는데 가면서 몽염이 진나라를 위해 장성과 정장亭障① 을 쌓아 놓은 것을 보았다. 산을 파고 계곡을 메워 직도로 통하게 한 것은 진실로 백성의 힘을 가볍게 여긴 것이다. 대저 진나라가 처음으로 제후들을 없앴는데, 천하의 마음은 안정되지 않았고 상처는 치유되지 않았다. 그러나 몽염은 명장이 되어 이때 강력하게 간하여 백성의 시급한 것을 구제하고, 노인을 봉양하고 고아를 돌보며 백성을 화목하게 하는 데 힘쓰지 않고, 뜻에 아부하여 공로만을 일으켰다. 이것이 그 형제가 죽음을 만난 까닭이니 또한 마땅하지 않은가! 어찌 지맥의 죄라고 하겠는가.

太史公曰 吾適北邊 自直道歸 行觀蒙恬所爲秦築長城亭障① 塹山堙谷 通直道 固輕百姓力矣 夫秦之初滅諸侯 天下之心未定 痍傷者未瘳 而恬爲名將 不以此時彊諫 振百姓之急 養老存孤 務修衆庶之和 而阿意興功 此其兄弟遇誅 不亦宜乎 何乃罪地脈哉

① 亭障정장

신주 성을 쌓고 관문을 만들어 요새처럼 된 곳이다.

색은술찬 사마정이 펼쳐서 밝히다.

몽씨는 진나라 장군이 되었고 내사 몽염은 충성스럽고 현명했다. 장성을 처음 수축하여 만 리까지 변방을 안정시켰다. 조고는 조서를 위조했고 부소는 죽었다. 땅을 끊은 것이 무슨 죄인가! 사람을 고생시킨 일이 곧 허물인 것을. 하늘에 부르짖어 하소연하고 싶구나! 3대에 걸쳐 훌륭했음을!

蒙氏秦將 內史忠賢 長城首築 萬里安邊 趙高矯制 扶蘇死焉 絶地何罪 勞人是愆 呼天欲訴 三代良然

[지도 1] 몽염열전

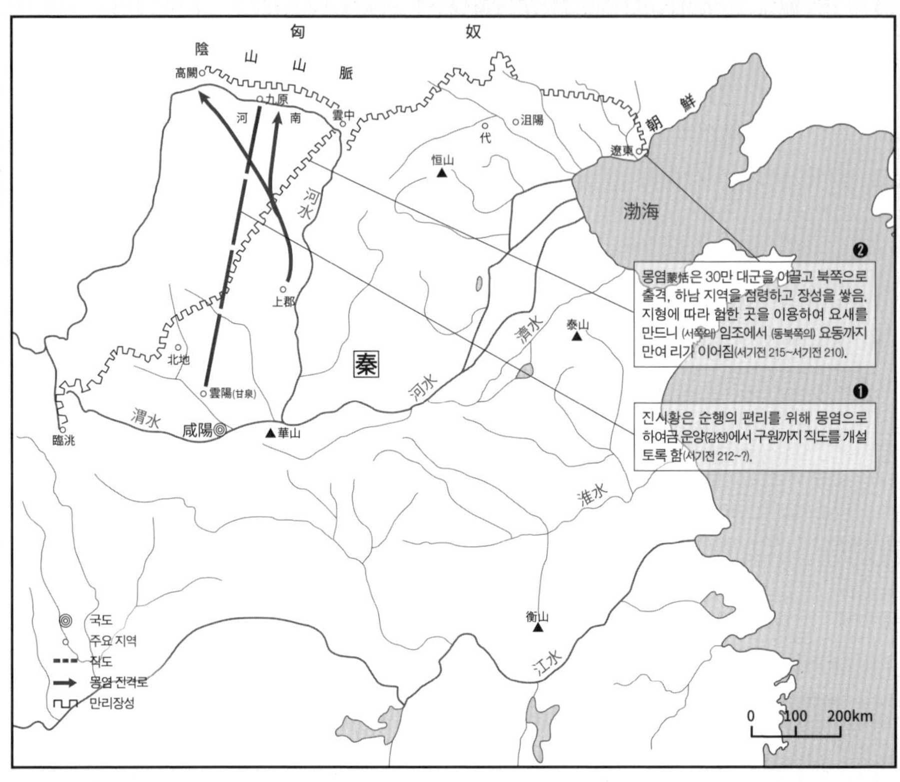

匈
奴
陰
山
山
脈
高闕
九原
河
南
雲中
沮陽
代
朝
鮮
遼東
恒山
渤海
河
水
上郡
北地
秦
濟水
泰山
河水
雲陽(甘泉)
渭水
咸陽
華山
臨洮
淮水
衡山
江水
❷
몽염蒙恬은 30만 대군을 이끌고 북쪽으로 출격, 하남 지역을 점령하고 장성을 쌓음. 지형에 따라 험한 곳을 이용하여 요새를 만드니 (서쪽의) 임조에서 (동북쪽의) 요동까지 만여 리가 이어짐(서기전 215~서기전 210).
❶
진시황은 순행의 편리를 위해 몽염으로 하여금 운양(감천)에서 구원까지 직도를 개설토록 함(서기전 212~?).
국도
주요 지역
직도
몽염 진격로
만리장성
0 100 200km

사기 제89권 史記卷八十九

장이진여 열전 張耳陳餘列傳

사기 제89권 장이진여열전 제29

史記卷八十九 張耳陳餘列傳第二十九

신주 본 열전은 장이張耳와 진여陳餘는 문경지교刎頸之交였던 두 사람이 원수가 되어 싸우는 파란만장한 일생을 묘사하고 있다.

장이는 위魏나라 대량大梁(지금의 하남성 개봉시開封市)사람으로 한漢나라 개국공신이다. 장이는 젊은 시절 위나라 신릉군信陵君의 문객이었다가 일찍이 외황外黃 현령이었는데, 진여와 더불어 문경지교를 맺고, 위나라의 명사가 된다. 진나라에서 위나라를 멸망시킨 후 황금을 걸고 수배手配했으나 진여와 함께 성명을 바꾸고 진陳나라에 가서 리里의 감문監門이 되고, 진승, 오광의 봉기가 일어날 때 장이는 진여와 함께 진승을 알현해 교위校尉가 된다. 곧바로 무신武臣을 따라 조나라 땅을 점령한 후 진여와 함께 진승을 배반하고 무신武臣을 조왕으로 세워서 우승상이 된다. 그러나 무신이 이량에게 죽임을 당하자 헐歇을 조왕으로 옹립하고 이량의 추격군을 격파한다. 항우가 관중에 들어가서 제후들을 분봉할 때 상산왕常山王이 되었다가 한고조 유방劉邦에게 귀의해 한신韓信을 따라 조나라를 격파한 후 조왕趙王이 된다. 한고조 5년에 세상을 떠나자 시호를 조경왕趙景王이라고 했다.

진여도 위魏나라 대량사람이다. 장이와 함께 진승에게 귀의해서 무신

武臣을 따라 조나라를 점령한 후 무신이 조왕이 되고 진여는 대장군이 되었다. 무신이 부장 이량李良에게 피살되자 장이와 함께 조헐趙歇을 조왕으로 세웠다. 이량과 진나라 장수 장함章邯이 거록에서 장이를 격파한 후 장이와 조헐을 포위했을 때, 진여는 5천 명의 군사를 보내 구원하다가 전멸당했지만 장이는 진여가 구원해주지 않는다고 원망했다. 항우의 대군이 이르러 장이가 포위망에서 풀려나오면서 진여가 배신했다고 비판하자 둘은 절교하였다. 항우가 제후들을 분봉할 때 장이는 왕으로 봉하고 진여를 후侯로 봉하자 왕으로 봉해지지 못한 것을 원망하고, 이에 조왕 헐歇이 조나라 땅을 수복하는 것을 도와 조왕에 의해 대왕代王이 되고, 성안군成安君에 봉해졌다. 그 후 유방이 초나라를 공격하면서 조나라와 함께 정벌할 것을 청했으나 듣지 않았다가 위나라를 평정한 한신이 장이와 함께 조나라를 공격해 패전함으로써 결국 진여는 지수泜水에서 참살당한다. 이 열전은 우정이 원수로 변한 대표적 사례라고 하겠다.

제 一 장

장이와 진여의 친교

장이는 대량大梁[1] 사람이다. 그는 젊었을 때 위나라 공자 무기毋忌[2]에게 이르러 빈객이 되었다. 장이는 일찍이 망명하여[3] 외황外黃 땅[4]에서 유람했다. 외황의 부호 딸은 매우 아름다웠는데 평범한 사내에게 시집갔다가 그 남편에게서 도망쳐[5] 아버지의 빈객에게 갔다.[6] 아버지의 빈객은 평소 장이를 알고 있었던지라 그녀에게 말했다.

"반드시 어진 남편을 구하고 싶거든 장이를 따라라."

딸도 받아들였다. 이에 마침내 (전 남편과) 결별할 것을 청하고 장이에게 시집을 왔다.[7] 이때 장이는 몸만 빠져나와 떠돌았는데 여자의 집안에서 장이를 두텁게 받들어 (재물을) 대주었고, 장이는 이 때문에 1,000리 밖의 빈객도 초청할 수 있었다. 이에 위魏나라에서 벼슬하여 외황현령이 되었다. 이로 말미암아 더욱 현명하다는 명성이 있었다.

진여陳餘도 대량 사람이다. 그는 유학의 술術을 좋아하고 자주 조나라 고형苦陘[8]을 유람했다. 부호 공승씨公乘氏는 그 딸을 진여의 아내로 삼아 주었는데, 진여가 보통 사람이 아닌 것을 알았기 때문이다. 진여는 젊어서 장이를 아버지로 섬겼으며, 두 사람은 서로 문경지교[⑨]를 맺었다.

張耳者 大梁[①]人也 其少時 及魏公子毋忌[②]爲客 張耳嘗亡命[③]游外黃[④] 外黃富人女甚美 嫁庸奴 亡其夫[⑤] 去抵父客[⑥] 父客素知張耳 乃謂女曰 必欲求賢夫 從張耳 女聽 乃卒爲請決 嫁之張耳[⑦] 張耳是時脫身游 女家厚奉給張耳 張耳以故致千里客 乃宦魏爲外黃令 名由此益賢 陳餘者 亦大梁人也 好儒術 數游趙苦陘[⑧] 富人公乘氏以其女妻之 亦知陳餘非庸人也 餘年少 父事張耳 兩人相與爲刎頸交[⑨]

① 大梁대량

색은 신찬이 말했다. "지금 진류군의 대량성이 이곳이다."

臣瓚云 今陳留大梁城是也

신주 전국시대 위나라 수도이다. 혜왕이 하동군 안읍安邑에서 이곳으로 옮겼다.

② 毋忌무기

신주 신릉군信陵君이다. 자세한 사적은 〈위공자열전〉에 있다.

③ 亡命망명

색은 진작이 말했다. "명命은 이름이다. 명적에서 벗어나 도망친 것을 이른다." 최호가 말했다. "망亡은 없음이다. 명命은 이름이다. 도망쳐 숨으니 명적에서 삭제하였다. 그러므로 도망쳐 망명했다고 한다."

晉灼曰 命者 名也 謂脫名籍而逃 崔浩曰 亡 無也 命 名也 逃匿則削除名籍 故以逃爲亡命

④ 外黃외황

색은 〈지리지〉에서는 진류군에 속한다.

地理志屬陳留

신주 대량에서 동쪽으로 약 60km 떨어져 있다.

⑤ 亡其夫망기부

집해 서광이 말했다. "한편 '기부망其夫亡'으로 되어 있다."

徐廣曰 一云其夫亡也

⑥ 抵父客저부객

집해 여순이 말했다. "아버지 때의 옛 빈객이다."

如淳曰 父時故賓客

색은 여순이 말했다. "저抵는 돌아온 것이다. 抵의 발음은 '제[丁禮反]'이다."

如淳曰 抵 歸也 音丁禮反

⑦ 卒爲請決 嫁之張耳졸위청결 가지장이

색은 여인이 아버지의 빈객에게 청해서 그 지아비와 완전히 결별하고 장이에게 시집간 것을 이른다.

謂女請父客爲決絕其夫 而嫁之張耳

⑧ 苦陘고형

집해 장안이 말했다. "고형은 한나라 장제章帝가 한창漢昌으로 고쳤다."

張晏曰 苦陘 漢章帝改曰漢昌

색은 〈지리지〉에서는 중산국에 속한다. 장안이 말했다. "장제는 그 이름이 추하다고 여기고 한창이라고 고쳤다."

地理志屬中山 張晏曰 章帝醜其名 改曰漢昌

정의 陘의 발음은 '형刑'이고 형주 당창현이다.

音刑 邢州唐昌縣

신주 정의 주석에서 고형의 위치를 형주 당창현이라고 한 것은 잘못이다. 중산국은 수나라 때 박릉군博陵郡이 되었고 당나라 때 정주定州가 되었다. 형주는 중산군 남쪽으로 조군 동쪽인 거록군을 가리킨다.

⑨ 刎頸交문경교

색은 최호가 말했다. "죽고 사는 것을 나란히 하여 목이 잘리더라도 후회가 없다는 말이다."

崔浩云 言要齊生死 斷頸無悔

진秦나라에서 대량을 멸했을 때 장이는 외황에서 살았다. 고조高祖(유방)는 일반 백성 신분이었을 때 일찍이 자주 장이를 따라 유람하였으며 빈객으로 수개월 동안 신세지기도 했다. 진나라가 위나라를 멸망시키고 몇 해 만에 두 사람이 위나라의 명사名士로 소문나자 현상금을 걸었는데, 장이를 잡으면 1,000금이고 진여는 500금이었다.

장이와 진여는 이에 성명을 바꾸고 함께 진陳으로 가서 리里의 문지기[①]가 되어 스스로 식사를 해결했다. 두 사람이 서로 마주보며 지키고 있는데 리의 관리가 일찍이 지나가다가 진여를 매질했다. 진여가 떨쳐일어나려고 하자 장이가 진여의 발을 밟으면서[②] 매를 맞도록 했다. 관리가 떠나가자 장이가 진여를 이끌고 뽕나무 아래로 가서 꾸짖으며 말했다.

"처음에 나와 그대가 무어라고 말했는가? 지금 조그마한 모욕을 당했다고 관리 하나를 죽이려고 하는가?"

진여도 그럴 것이라고 했다. 진秦나라는 조서를 내려 현상금을 걸어 두 사람을 찾았다. 두 사람은 또한 도리어 문지기로서 마을 안에 명령을 전했다.[③]

秦之滅大梁也 張耳家外黃 高祖爲布衣時 嘗數從張耳游 客數月 秦滅魏數歲 已聞此兩人魏之名士也 購求有得張耳千金 陳餘五百金 張耳陳餘乃變名姓 俱之陳 爲里監門[①]以自食 兩人相對 里吏嘗有過笞陳餘 陳餘欲起 張耳躡[②]之 使受笞 吏去 張耳乃引陳餘之桑下而數之曰 始吾與公言何如 今見小辱而欲死一吏乎 陳餘然之 秦詔書購求兩人 兩人亦反用門者以令里中[③]

① 監門감문

집해 장안이 말했다. "감문은 리의 정위正衛이다."

張晏曰 監門 里正衛也

신주 향鄕 아래의 행정단위가 리里이다. 그래서 향리라고 하면 고향을 가리킨다.

② 躡섭

집해 서광이 말했다. "다른 판본에는 '섭攝'(잡다)으로 되어 있다."

徐廣曰 一作攝

③ 門者以令里中문자이령리중

색은 살펴보니 문지기는 곧 진여와 장이이다. 스스로 그 이름을 가지고 리 안에서 령을 내려 속여서 다시 다른 사람을 찾으라고 한 것이다.

案 門者卽餘耳也 自以其名而號令里中 詐更別求也

신주 이미 성명을 바꾸었으니 자기들 신분을 속이고, 장여와 진여라는 사람을 발견하면 신고하고 잡으라고 영을 전한 것이다.

진섭陳涉① 은 기蘄 땅에서 일어나 진陳으로 쳐들어왔는데 군사가 수만 명이 되어 있었다. 장이와 진여는 진섭에게 뵙기를 청했다. 진섭과 그 좌우 사람들은 평소 장이와 진여가 어질다는 소문만 자주 듣고 일찍이 만나보지 못했는데, 만나보자마자 크게 기뻐했다.

진陳의 호걸과 부로父老 들이 진섭을 설득했다.

"장군께서 몸소 갑옷을 입고 예리한 병기를 가지고 사졸들을 인솔하여 사나운 진秦나라를 처단하고 초나라 사직을 다시 세워 망한 나라를 있게하고 단절된 후사를 계승시켰으니, 공덕은 마땅히 왕이 될만합니다. 또 천하의 장수들에게 군림하여 감독하려면 왕이 되지 않으면 안 됩니다. 원컨대 장군께서는 초왕으로 즉위하여 주십시오."

진섭이 두 사람에게 이것을 묻자 두 사람이 대답했다.

"대저 진나라는 무도하여 남의 국가를 쳐부수고 남의 사직을 없애고 남의 후손들을 단절시켰으며, 백성의 인력을 고달프게 하고 백성의 재물을 소진시켰습니다. 장군께서는 눈을 부릅뜨고 담력을 키워 나가시면서 만 번 죽을지라도 한 평생의 계획을 돌아보지 않으시고 천하를 위해 잔악한 것을 없애는 것이었습니다.

지금 처음으로 진陳에 이르렀는데 왕이 된다면 천하에 사사로운 것을 보이는 것입니다. 원컨대 장군께서는 왕을 칭하지 마시고 급히 군사를 이끌고 서쪽으로 가시면서 사람을 보내 여섯 나라의 후예들을 세우게 하면 저절로 같은 편이 만들어지고 진나라에게는 적이 더 불어나게 하는 것입니다. 적이 많아지면 힘이 분산되고 군중과 함께하면 군사는 강해집니다.

이와 같이 하면 들판에는 교전하는 병사가 없게 되고 현縣에는 성을 지키는 병사가 없게 되어 사나운 진나라를 주벌할 수 있으며, 함양을 차지하여 제후들을 호령할 것입니다. 제후국들이 망했다가 (나라를) 다시 세우더라도 (장군의) 덕으로 여겨 복종할 것입니다. 이와 같이 하신다면 제왕의 업이 성취될 것이니 지금 홀로 진陳에서 왕을 칭하면 천하는 와해될까[2] 두렵습니다."

진섭은 듣지 않고 마침내 즉위하여 왕이 되었다.

陳涉[1]起蘄 至入陳 兵數萬 張耳陳餘上謁陳涉 涉及左右生平數聞張耳陳餘賢 未嘗見 見卽大喜 陳中豪傑父老乃說陳涉曰 將軍身被堅執銳率士卒以誅暴秦 復立楚社稷 存亡繼絕 功德宜爲王 且夫監臨天下諸將不爲王不可 願將軍立爲楚王也 陳涉問此兩人 兩人對曰 夫秦爲無道

破人國家 滅人社稷 絕人後世 罷百姓之力 盡百姓之財 將軍瞋目張膽出萬死不顧一生之計 爲天下除殘也 今始至陳而王之 示天下私 願將軍毋王 急引兵而西 遣人立六國後 自爲樹黨 爲秦益敵也 敵多則力分與衆則兵彊 如此野無交兵 縣無守城 誅暴秦 據咸陽以令諸侯 諸侯亡而得立 以德服之 如此則帝業成矣 今獨王陳 恐天下解②也 陳涉不聽遂立爲王

① 陳涉진섭

신주 진승陳勝을 뜻한다. 섭은 진승의 자字이다. 서기전 210년에 진시황이 죽고 막내아들 호해胡亥(서기전 221~서기전 207)가 즉위해서 장성 축조 등 대규모 토목사업을 일으키면서 과거 부역이 면제되었던 빈민까지 징발했다. 지금의 하남성 등봉登封 지역인 양성陽城 출신의 진승도 둔장屯長으로 900여 명의 마을 사람들을 어양漁陽까지 이끌고 가다가 날짜를 지키지 못하게 되자 오광吳廣 등과 함께 봉기를 일으켰다. 이 봉기를 계기로 전국 각지에서 거병이 잇따라 진나라는 멸망하게 되는 계기가 되었다. 사마천은 그를 제후들의 반열로 대우해 〈진섭세가〉를 저술했다. 한漢이 중원을 통일한 후 은왕隱王이라는 시호를 내렸다.

② 解해

정의 解의 발음은 '개[紀賣反]'이다. 천하의 제후들이, 진승이 왕을 칭해서 진陳 땅에서 왕이 된 것을 보면 모두 와해되어 서로 따르지 않는다는 말이다.

解 紀賣反 言天下諸侯見陳勝稱王王陳 皆解墮不相從也

진여는 다시 진왕을 설득했다.

"대왕께서 양梁[①]과 초楚에서 거병하여 서쪽으로 가시는 것은 힘써서 함곡관으로 들어가기 위해서인데, 아직 하수 북쪽을 차지하지 못했습니다. 신은 일찍이 조나라를 유람했으며 그곳의 호걸들과 지형을 알고 있습니다. 원컨대 기습할 수 있는 군사로 북쪽 조나라 땅을 공략하시기 바랍니다."

이에 진왕은 지난날부터 친했던 진陳나라 사람 무신武臣을 장군으로, 소소邵騷를 호군護軍으로, 장이와 진여를 좌우교위로 삼아 병졸 3,000명을 주어 북쪽 조나라 땅을 공략하도록 했다. 무신 등은 백마白馬[②]를 경유하여 하수를 건너 여러 현에 이르러[③] 그곳의 호걸들을 설득했다.

陳餘乃復說陳王曰 大王擧梁[①]楚而西 務在入關 未及收河北也 臣嘗游趙 知其豪桀及地形 願請奇兵北略趙地 於是陳王以故所善陳人武臣爲將軍 邵騷爲護軍 以張耳陳餘爲左右校尉 予卒三千人 北略趙地 武臣等從白馬[②]渡河 至諸縣[③] 說其豪桀曰

① 梁양

신주 한漢나라 시기의 지리로 따지면 진陳나라 동쪽의 옛 송나라 땅을 가리킨다. 통일 진나라 때 그 일대를 탕군碭郡으로 삼았다. 한나라가 다시 통일한 다음에 양梁으로 고쳤다. 하지만 여기서 양梁은 옛 위魏나라를 가리키는데, 그중에서도 위나라 동부지역을 가리킨다. 위나라가 대량大梁으로 천도한 후 양梁으로 불렸다. '양梁'이란 지명이 나올 때는 어느 곳을 가리키는지 잘 살펴야 한다.

② 白馬백마

색은 살펴보니 역이기가 ‘백마지진’(백마나루터)이라고 일렀는데, 백마는 건너는 나루이고 그 땅은 여양黎陽과 언덕을 마주하고 있다.

案 酈食其云白馬之津 白馬是津渡 其地與黎陽對岸

③ 至諸縣지제현

집해 등전이 말했다. “하수 북쪽의 현에 이르러 설득한 것이다.”

鄧展曰 至河北縣說之

“진나라가 어지러운 정치와 포악한 형벌로 천하를 잔인하게 해친 것이 수십 년입니다. 북쪽에는 장성長城의 사역이 있었고 남쪽에는 오령五嶺의 수자리[①]가 있었으며, 안팎에서 소동이 나고 백성이 피폐해졌는데도 인두세人頭稅를 가혹하게 거두어[②] 군사들의 비용으로 바쳐서 재물은 다하고 힘은 소진되어 백성들은 삶을 꾸릴 수 없었습니다. 또 까다로운 법과 엄격한 형벌을 무겁게 해 천하에서 아버지와 자식마저 서로 불안하게 하였습니다.

진왕이 팔을 걷고 일어나 천하를 위해 처음으로 부르짖어 초나라 땅에서 왕이 되었는데, 사방 2,000리에서 메아리가 돌아오듯 응하지 않는 자가 없었습니다. 집집마다 스스로 분노하고 사람들은 스스로 싸워 각각 그 원한을 갚고 그 원수를 공격하여, 현에서는 그 현령과 현승縣丞을 살해하고 군에서는 그 군수와 군위郡尉를 살해했습니다.

지금 이미 대초大楚를 크게 펼치고 진陳에서 왕이 되었습니다. 오광吳廣과 주문周文을 시켜 병졸 100만 명을 인솔하고 서쪽으로 가서 진나라를 공격하게 했습니다.

이때 후작에 봉해지는 업業을 성취하지 않는 자는 호걸이 아닐 것입니다. 제군께서는 시험 삼아 서로 함께 이를 헤아려 보십시오. 대저 천하는 똑같은 마음으로 진나라에 고통을 당한 지 오래입니다. 그래서 천하의 힘으로 무도한 군주를 공격하여 부형들의 원한을 갚고 땅을 나누어 갖는 업을 이룰 수 있다면, 이것은 사인들에게 하나의 기회가 될 것입니다."

호걸들이 모두 그 말을 그럴싸하게 여겼다. 이에 군사를 모으는 일을 행하여 수만 명을 얻어 무신을 무신군武信君이라 칭했다. 조나라 10개 성을 함락했으나 나머지 성들은 지키면서 항복하려고 하지 않았다.

秦爲亂政虐刑以殘賊天下 數十年矣 北有長城之役 南有五嶺之戍[①] 外內騷動 百姓罷敝 頭會箕斂[②] 以供軍費 財匱力盡 民不聊生 重之以苛法峻刑 使天下父子不相安 陳王奮臂爲天下倡始 王楚之地 方二千里 莫不響應 家自爲怒 人自爲鬭 各報其怨而攻其讎 縣殺其令丞 郡殺其守尉 今已張大楚 王陳 使吳廣周文將卒百萬西擊秦 於此時而不成封侯之業者 非人豪也 諸君試相與計之 夫天下同心而苦秦久矣 因天下之力而攻無道之君 報父兄之怨而成割地有土之業 此士之一時也 豪桀皆然其言 乃行收兵 得數萬人 號武臣爲武信君 下趙十城 餘皆城守莫肯下

① 五嶺之戍오령지술

집해 《한서음의》에서 말한다. "고개가 5개 있었기 때문에 이름으로 삼았는데 교지군 영역 가운데 있다."

漢書音義曰 嶺有五 因以爲名 在交阯界中也

색은 배씨의 《광주기》에서는 대유, 시안, 임하, 계양, 게양을 오령이라 한다.

裴氏廣州記云大庾始安臨賀桂陽揭陽 斯五嶺

② 頭會箕斂두회기렴

집해 《한서음의》에서 말한다. "집집마다 사람의 머리수에 따라 곡식을 내어 기렴箕斂했다."

漢書音義曰 家家人頭數出穀 以箕斂之

신주 기렴箕斂은 키로 물건을 가려낸다는 뜻인데 조세를 가혹하게 거두는 것을 뜻한다.

이에 군사를 인솔하고 동북쪽 범양范陽을 공격했다. 범양사람 괴통蒯通이 범양현령[①]을 설득했다.

"가만히 듣자니 공公께서는 장차 죽을 것입니다. 그러므로 조문을 합니다. 비록 그러하나 공은 저를 얻어서 살아날 될 것이므로 하례드립니다."

범양현령이 말했다.

"무엇 때문에 조문하는가?"

괴통이 대답했다.

"진나라 법은 무거운데 족하께서 범양현령이 된 지 10년이 되었습니다. 남의 아버지를 죽이고 남의 아들을 고아로 만들고 남의 발을 자르고 남의 얼굴에 먹물을 뜬 것은 이루다 셀 수 없습니다. 그러나 인자한 아버지와 효자들이 감히 공의 배 속에 칼날을 꽂지[②] 않는 것은 진나라 법을 무서워해서일 뿐입니다. 지금 천하는 크게 어지러워 진나라 법이 펼쳐지지 않고 있습니다. 그런즉 인자한 아버지와 효자들이 또 공의 배 속에 칼날을 꽂아서 그 명성을 이루고자 할 것이니, 이것이 신이 공을 조문한 까닭입니다.

지금 제후들이 진나라를 배반한데다 무신군武信君의 군사가 또 이르렀는데 군께서 범양을 굳게 지킨다면, 젊은이들이 모두 다투어 군을 죽이고 무신군에게 항복할 것입니다. 군께서 급하게 신을 보내 무신군을 만나게 한다면 전화위복轉禍爲福이 될 수 있으니 때는 지금에 달려 있습니다."

乃引兵東北擊范陽 范陽人蒯通說范陽令[①]曰 竊聞公之將死 故弔 雖然賀公得通而生 范陽令曰 何以弔之 對曰 秦法重 足下爲范陽令十年矣 殺人之父 孤人之子 斷人之足 黥人之首 不可勝數 然而慈父孝子莫敢倳[②]刃公之腹中者 畏秦法耳 今天下大亂 秦法不施 然則慈父孝子且倳刃公之腹中以成其名 此臣之所以弔公也 今諸侯畔秦矣 武信君兵且至 而君堅守范陽 少年皆爭殺君 下武信君 君急遣臣見武信君 可轉禍爲福 在今矣

① 范陽令범양령

집해 《한서》에서 말한다. "범양현령은 서공徐公이다."

漢書曰 范陽令徐公

신주 《사기지의》에서 말한다. "괴통에 대하여 《사기》와 《한서》에 모두 '범양 사람'이라 했고 《한서》 〈괴통전〉 또한 '범양'이라 했다. 《사기》 〈회음후열전〉에 앞에서는 '범양'이라 했고 뒤에서는 '제나라 사람'이라 했다. 범양은 아마 동군東郡 범현范縣이고 탁군 범양현이 아닐 것이다. 만약 안사고가 말한 '괴통은 본래 연나라 사람인데, 뒤에 제나라로 갔다.'는 것에 의거한다면 어찌 고조가 '이 사람은 제나라 변사'라고 하여 제나라에 조서를 내려 체포하게 했는가? 또 이때 무신은 아직 연나라 땅을 밟지 못했다."

《사기지의》의 분석이 타당하다. 즉 무신 일행은 아직 조나라 중심인 한단을 차지하지도 못했는데 어찌 그보다 한참 북쪽 탁군 범양을 공략했을 것인가? 또 백마 나루를 건넌지도 얼마 안 되었으니 그 일대인 동군 범현임이다. 따라서 범양이라 한 것은 '범현'을 가리키는 것이 아닐까 싶다. 더구나 여기 본문에서도 '동북쪽'이라 했는데 범현은 그 방향에 해당한다.

② 傳사

집해 서광이 말했다. "傳의 발음은 '자胾'이다." 이기가 말했다. "동방 사람은 물건을 땅에 꽂는 것을 모두 '사傳'라고 한다."

徐廣曰 傳音胾 李奇曰 東方人以物插地皆爲傳

범양현령은 괴통에게 무신군을 만나보게 했다. 괴통이 말했다.

"족하께서는 반드시 군사를 거느려 싸워서 승리한 연후에 땅을 빼앗을 것인데, 공격하여 (땅을) 얻은 연후에 성을 함락한다고 하는 것은 신이 가만히 생각하니 잘못입니다. 진실로 신의 계책을 들어 주신다면, 공격하지 않고도 성을 항복시키고 싸우지 않고도 땅을 빼앗을 것이며 격문을 전하여 1,000리를 안정시킬 수 있습니다."

무신군이 말했다.

"무엇을 이르는 것이오?"

괴통이 말했다.

"지금 범양현령은 그 사졸들을 정돈시켜 막아 싸워야 하는데, 겁이 많아서 죽는 것을 두려워하고 탐욕스러워 부귀를 중히 여기고 있습니다. 그러므로 천하에서 가장 먼저 항복하고 싶지만, 군께서는 진나라에서 임명한 관리라고 생각하여 앞서 10개 성과 같이 처벌하여 죽일 것을 두려워하고 있습니다. 그런데 지금 범양의 젊은이들은 또한 바야흐로 그 현령을 죽이고 스스로 성을 가지고 군에게 맞서려 하고 있습니다. 군께서는 어찌 신에게 후侯의 인수를 가져가서 범양현령을 제수하게 하지 않으십니까.

범양현령은 (제후로 임명되면) 성을 들어 군에게 항복할 것이며 젊은이들도 감히 그 현령을 죽이지 못할 것입니다. 범양현령으로 하여금 붉은 칠을 한 바퀴의 호화로운 수레를 타고 연나라와 조나라 교외를 달리게 하십시오. 연나라와 조나라 교외에서 그것을 보면 모두 이르기를 '이 범양현령은 먼저 항복한 자이다.'라고 하고 곧 기뻐하게 될 것이며, 연나라와 조나라 성은 싸우지 않고 항복시킬 수 있습니다. 이것이 신이 말한 '격문을 전해서 1,000리를 안정시킨다.'라는 것입니다."

무신군은 그 계책을 따랐다. 그래서 괴통을 시켜 범양현령에게 후侯의 인수를 주게 했다. 조나라 땅에서 소문을 듣고 싸우지 않은 채 성을 들어 항복한 곳이 30여 개의 성에 이르렀다.

(무신군이) 한단邯鄲에 이르렀다. 장이와 진여는 주장周章의 군사가 함곡관에 들어가 희수戲水에 이르러 퇴각했다는① 소식을 들었다. 또 여러 장수가 진왕陳王을 위해 땅을 순회하다가 대부분이 참소를 당해 죄를 얻어 처단되었다는 소문을 듣고, 지난날 진왕陳王이 그들의 계책을 쓰지 않고 자신들을 장수로 삼지 않고 교위로 삼은 것을 원망했다. 이에 무신을 설득해서 말했다.

"진왕陳王은 기蘄에서 일어나 진陳에 이르러 왕이 되었으니, 반드시 여섯 나라의 후예들을 세우지 않을 것입니다. 장군은 지금 3,000명으로 조나라 수십 개의 성을 함락했으며 홀로 하수 북쪽에 웅거하고 계신데② 왕이 되지 않고는 진압할 수 없을 것입니다. 또 진왕은 참소를 듣는 사람인데 돌아가서 보고한다면, 아마 재앙에서 벗어나지 못할 것입니다. 또 그 형제를 세우는 것만 같지 못하게 여길 것이고, 그것이 아니라면 조나라 후예를 세우려고 할 것입니다. 장군께서는 시기를 잃지 말아야 할 것이며 시간은 숨을 쉴 틈을 용납하지 않습니다.③"

무신이 곧 이들의 말을 받아들여 마침내 즉위해 조왕이 되었다. 진여는 대장군이 되었고 장이는 우승상이 되었으며 소소는 좌승상이 되었다.

范陽令乃使蒯通見武信君曰 足下必將戰勝然後略地 攻得然後下城 臣竊以爲過矣 誠聽臣之計 可不攻而降城 不戰而略地 傳檄而千里定 可乎 武信君曰 何謂也 蒯通曰 今范陽令宜整頓其士卒以守戰者也 怯而畏死 貪而重富貴 故欲先天下降 畏君以爲秦所置吏 誅殺如前十城也 然今范陽少年亦方殺其令 自以城距君 君何不齎臣侯印 拜范陽令 范陽令則以城下君 少年亦不敢殺其令 令范陽令乘朱輪華轂 使驅馳燕趙郊 燕趙郊見之 皆曰此范陽令 先下者也 卽喜矣 燕趙城可毋戰而降也 此臣之所謂傳檄而千里定者也 武信君從其計 因使蒯通賜范陽令侯印 趙地聞之 不戰以城下者三十餘城 至邯鄲 張耳陳餘聞周章軍入關 至戲卻[①] 又聞諸將爲陳王徇地 多以讒毁得罪誅 怨陳王不用其筴不以爲將而以爲校尉 乃說武臣曰 陳王起蘄 至陳而王 非必立六國後 將軍今以三千人下趙數十城 獨介居[②]河北 不王無以塡之 且陳王聽讒還報 恐不脫於禍 又不如立其兄弟 不 卽立趙後 將軍毋失時 時間不容息[③] 武臣乃聽之 遂立爲趙王 以陳餘爲大將軍 張耳爲右丞相 邵騷爲左丞相

① 戲卻 희각

집해 소림이 말했다. "희戲는 땅 이름이다. 각卻은 군사가 물러나는 것이다."

蘇林曰 戲 地名 卻 兵退也

정의 戲의 발음은 '희羲'이다. 희수는 여산에서 나온다.

戲音羲 出驪山

② 介개

집해 진작이 말했다. "介의 발음은 '알戛'이다." 신찬이 말했다. "《방언》에서 개介를 일컬어 수컷이라 한다."

晉灼曰 介音戛 瓚曰 方言云介 特也

신주 介의 원래 뜻은 남성의 물건을 여성의 몸에 끼우는 것이라는 설명이다. 그래서 찌른다는 뜻의 알戛과 수컷이란 뜻의 특特이 일맥상통한다. 즉 개거介巨는 곧 웅거雄據라는 것이다.

③ 時間不容息시간불용식

색은 거사擧事에서는 때를 잃지 않아야 하고, 시간의 기회는 신속해서 그 사이는 한 번의 숨 쉬는 경각을 용납하지 않는다는 말이다.

以言擧事不可失時 時幾之迅速 其間不容一喘息頃也

사람을 시켜 진왕陳王에게 보고하자, 진왕陳王은 크게 노하여 무신 등의 가족들을 모두 죽이고 군사를 발동해서 조나라를 공격하려고 했다. 진왕陳王의 상국相國인 방군房君이 간했다.①
"진秦나라가 망하지 않았는데 무신 등의 가족을 처단한다면 이것은 또 하나의 진秦나라를 태어나게 하는 것입니다. 이 기회로 하례하는 것만 같지 못하며 급하게 군사를 이끌고 서쪽 진秦나라를 공격하게 해야 합니다."
진왕陳王은 그렇다고 여기고 그의 계책을 따라 무신 등의 가족을 궁 안으로 옮겨서 억류시켜 놓고 장이의 아들 장오張敖를 봉해서

성도군成都君으로 삼았다. 진왕陳王은 사자를 보내서 조나라를 축하하고 빨리 군사를 발동해서 서쪽 함곡관으로 들어가도록 했다. 장이와 진여는 무신을 설득했다.

"왕께서 조나라의 왕이 되신 것은 초나라 본뜻이 아니라 특별한 계책으로 왕을 축하하는 것뿐입니다. 초나라가 이미 진秦나라를 멸했다면 반드시 조나라에 군사를 더해 공격할 것입니다. 원컨대 왕께서는 서쪽으로 군사를 보내지 말고 북쪽으로 연나라와 대代를 빼앗고 남쪽으로 하내河內를 차지하여 스스로 (영토를) 넓혀야 합니다. 조나라가 남쪽으로 대하大河에 의지하고 북쪽으로 연나라와 대 땅을 차지하면, 초나라가 비록 진나라를 이기더라도 반드시 감히 조나라를 제압하지 못할 것입니다."

조왕은 그러할 것이라고 여기고 그에 따라 군사를 서쪽으로 보내지 않았다. 그리고 한광韓廣을 시켜서 연나라를 빼앗게 하고 이량李良을 시켜서 상산常山을 빼앗게 하며 장염張黶을 시켜서 상당上黨을 빼앗게 했다.

使人報陳王 陳王大怒 欲盡族武臣等家 而發兵擊趙 陳王相國房君諫曰① 秦未亡而誅武臣等家 此又生一秦也 不如因而賀之 使急引兵西擊秦 陳王然之 從其計 徙繫武臣等家宮中 封張耳子敖爲成都君 陳王使使者賀趙 令趣發兵西入關 張耳陳餘說武臣曰 王王趙 非楚意 特以計賀王 楚已滅秦 必加兵於趙 願王毋西兵 北徇燕代 南收河內以自廣 趙南據大河 北有燕代 楚雖勝秦 必不敢制趙 趙王以爲然 因不西兵 而使韓廣略燕 李良略常山 張黶略上黨

① 相國房君諫曰상국방군간왈

신주 〈진섭세가〉에서 방군 채사蔡賜를 상주국上柱國으로 삼았다고 했으니, 즉 재상 격인 상주국 채사를 가리킨다. 주석들을 참고하면 방군은 봉호일 것이다.

한광이 연나라에 이르자, 연나라 사람들은 한광을 세워 연왕燕王으로 삼았다.① 조왕은 곧 장이, 진여와 함께 북쪽에 침략한 땅이 연나라 국경이었다. 조왕은 틈을 내서 나갔다가 연나라 군사에게 체포되었다. 연나라 장수가 가두어 놓고 조나라 땅 절반을 나누어 주면 왕을 돌려보내려고 했다. 사신이 갔지만 연나라는 번번이 (사신을) 죽이고 땅을 요구했다. 장이와 진여는 우려했다. 미천한 취사병炊事兵이 있었는데 그 동료들에게 하직인사를 하면서 말했다.②

"나는 공公을 위해 연나라를 설득하고 조왕과 함께 수레를 타고 돌아오겠소."

관사에 있는 사람들이 모두 웃으면서 말했다.

"사자로 간 10여 명의 무리가 번번이 죽었다. 네가 어떻게 왕을 데려올 수 있는가?"

이에 달려서 연나라 성벽으로 갔다. 연나라 장수가 그를 만나보자, 연나라 장수에게 물었다.

"신이 무엇을 요구하는지 아십니까?"

연나라 장수가 말했다.

"너는 조왕을 얻고자 할 따름이다."

취사병이 말했다.

"군께서는 장이와 진여가 어떤 사람인지 알고 있습니까?"

연나라 장수가 말했다.

"현명한 사람들이다."

취사병이 말했다.

"그들이 뭘 하려는지 아십니까?"

연나라 장수가 말했다.

"그 왕을 얻고자 할 따름이다."

韓廣至燕 燕人因立廣爲燕王① 趙王乃與張耳陳餘北略地燕界 趙王間出 爲燕軍所得 燕將囚之 欲與分趙地半 乃歸王 使者往 燕輒殺之以求地 張耳陳餘患之 有廝養卒謝其舍中曰② 吾爲公說燕 與趙王載歸 舍中皆笑曰 使者往十餘輩 輒死 若何以能得王 乃走燕壁 燕將見之 問燕將曰 知臣何欲 燕將曰 若欲得趙王耳 曰 君知張耳陳餘何如人也 燕將曰 賢人也 曰 知其志何欲 曰 欲得其王耳

① 立廣爲燕王입광위연왕

집해 서광이 말했다. "(이세 황제 원년) 9월이다."

徐廣曰 九月也

② 廝養卒謝其舍中曰사양졸사기사중왈

집해 여순이 말했다. "사廝는 천한 자이다. 《공양전》에는 '사역은 뒤따르며 봉양하는 것이다.'라고 했다." 위소가 말했다. "나무를 쪼개는 자를 사廝라고 하고 밥을 짓고 삶는 것을 하는 자를 양養이라 한다." 진작이 말했다. “말로써 서로 고하는 것을 사謝라고 한다.”

如淳曰 厮 賤者也 公羊傳曰 厮役扈養 韋昭曰 析薪爲厮 炊烹爲養 晉灼曰 以辭相告曰謝也

색은 그 관사 안에서 함께 사는 사람을 이른다. 《한서》에는 ‘사인舍人’으로 되어 있다.

謂其同舍中之人也 漢書作舍人

조나라 취사병이 이에 웃으면서 말했다.

“군께서는 이 두 사람이 하려는 것을 모르십니다. 대저 무신과 장이와 진여가 말을 채찍질하면① 조나라 수십 개의 성을 함락시킬 수 있을 것입니다. 이들 또한 각각 남면하고 서서 왕이 되고자 할 것인데 어찌 경卿과 재상으로 일생을 마치고자 하겠습니까. 대저 신하와 군주가 어찌 같은 태양이라고 말할 수 있습니까. 그 형세가 막 정해진 것을 돌아보면, 감히 셋으로 나누어 왕을 하지 않고 또 연장자인 무신을 먼저 세워 왕으로 삼은 것은 조나라 민심을 잡기 위해서였습니다. 지금 조나라 땅이 이미 복속되었으니 이 두 사람은 또한 조나라를 나누어 왕이 되고자 하는데, 시기가 옳지 않았을 뿐입니다.

지금 군께서 조왕을 가두었습니다. 이것은 두 사람이 조왕을 구원한다는 명분이 있지만 실상은 연나라에서 죽여주었으면 합니다. 이러면 이 두 사람은 조나라를 나누어 자립하고자 할 것입니다. 대저 하나의 조나라로써 오히려 연나라를 쉽게 여기는데, 하물며

두 어진 왕이 왼쪽에서 이끌고 오른쪽에서 당기면서[2] 왕을 죽인 죄를 꾸짖는다면 연나라를 멸하는 것은 쉬울 것입니다."

연나라 장수는 그렇다고 여기고 조왕을 돌려보냈다. 취사병은 (조왕을) 모시고 돌아왔다.

趙養卒乃笑曰 君未知此兩人所欲也 夫武臣張耳陳餘杖馬箠[1]下趙數十城 此亦各欲南面而王 豈欲爲卿相終己邪 夫臣與主豈可同日而道哉 顧其勢初定 未敢參分而王 且以少長先立武臣爲王 以持趙心 今趙地已服 此兩人亦欲分趙而王 時未可耳 今君乃囚趙王 此兩人名爲求趙王 實欲燕殺之 此兩人分趙自立 夫以一趙尙易燕 況以兩賢王左提右挈[2]而責殺王之罪 滅燕易矣 燕將以爲然 乃歸趙王 養卒爲御而歸

① 杖馬箠장마추

집해 장안이 말했다. "그 군사를 사용하지 않고 채찍을 쳐서 말을 몰았을 뿐이라는 말이다."

張晏曰 言其不用兵革 驅策而已也

색은 杖의 발음은 '장丈'이다. 箠의 발음은 '취[之委反]'이다.

杖音丈 箠音之委反

② 左提右挈좌제우설

집해 서광이 말했다. "〈평원군열전〉에서 '일이 성사되면 우권右券(병부 등을 둘로 쪼갤 때의 그 오른쪽)을 가지고 요구했다.'라고 했으며, 권券과 계契의 뜻은 같을 뿐이다."

徐廣曰 平原君傳曰 事成執右券以責也 券契義同耳

제二장

갈라진 장이와 진여

이량李良이 이미 상산常山을 평정하고 돌아와서 보고하자, 조왕은 다시 이량을 시켜서 태원太原을 빼앗게 했다. 석읍石邑[①]에 이르렀는데 진나라 군사들이 정형井陘[②]에서 막아 전진할 수 없었다. 진나라 장수가 거짓으로 이세 황제라고 일컫고 사람을 시켜 이량에게 봉하지 않은[③] 편지를 보내서 말했다.

"이량은 일찍이 나를 섬겨서 빛나는 총애를 얻었다. 이량이 진실로 조나라를 배반하고 진나라를 위한다면 이량의 죄를 사면하고 이량을 귀하게 하리라."

이량은 서신을 받자 의심하고 믿지 않았다. 곧 한단으로 돌아와 군사를 보태줄 것을 청했다. 군사가 아직 이르지 않았을 때, 나가서 술을 마신 조왕의 누이를 길에서 만났는데 기병이 100여 명 따르고 있었다. 이량이 바라보고 왕으로 여겨서 엎드려 길옆에서 배알했다. 왕의 누이는 술에 취하여 그가 장수인 줄 알지 못하고 기병을 시켜서 이량에게 사죄하게 했다. 이량은 본래 귀인 출신이었는지라 일어나면서 그를 따르는 관리들에게 부끄러움을 느꼈다. 따르는 관리 한 사람이 말했다.

"천하가 진나라에 반기를 들었는데 능력 있는 자가 먼저 즉위했습니다. 조왕은 본래 장군의 휘하에서 나왔는데 지금 아녀자가 장군을 위해 수레에서 내리지 않았으니 추격하여 죽일 것을 청합니다."

李良已定常山 還報 趙王復使良略太原 至石邑① 秦兵塞井陘② 未能前 秦將詐稱二世使人遺李良書 不封③ 曰 良嘗事我得顯幸 良誠能反趙爲秦 赦良罪 貴良 良得書 疑不信 乃還之邯鄲 益請兵 未至 道逢趙王姊出飮 從百餘騎 李良望見 以爲王 伏謁道旁 王姊醉 不知其將 使騎謝李良 李良素貴 起 慙其從官 從官有一人曰 天下畔秦 能者先立 且趙王素出將軍下 今女兒乃不爲將軍下車 請追殺之

① 石邑석읍

색은 〈지리지〉에서는 상산군에 속한다.

地理志屬常山

② 井陘정형

신주 정형은 앞의 석읍과 이웃하고 있는데 한단에서 북쪽으로 약 150km가량 떨어진 상산군 남쪽지역이다. 이곳을 돌파하고 서쪽으로 방향을 틀어야 태행산맥을 관통하는 호타수呼沱水를 따라 태원 지역으로 갈 수 있다. 뒤에 나오지만, 나중에 한신韓信이 이 길을 통해 또한 조나라로 쳐들어왔다. 앞서 상산을 평정했다고 했지만 아마 중심지 일대만을 의미하는 것으로 보인다.

③ 不封불봉

집해 장안이 말했다. "그 일을 누설하여 군주와 신하가 서로 의심하게 하려는 것이다."

張晏曰 欲其漏泄 君臣相疑

이량은 이미 진나라 서신을 받고 진실로 조나라를 배신하고 싶었지만 결정하지 못하고 있었다. 이로 인해 노하고 사람을 보내 추격해서 왕의 누이를 길에서 살해하게 했다. 그리하여 마침내 그 군사를 인솔하여 한단을 습격했다. 한단에서는 (그것을) 알지 못하여 마침내 무신과 소소를 살해했다. 조나라 사람들 중 장이와 진여를 위해 귀와 눈이 된 자들이 많았는데, 이런 까닭에 탈출할 수 있었다. 그들이 (무신의) 병력을 수습하니 수만 명이었다. 빈객 중에 장이를 설득하는 자가 있어 말했다.

"두 군君은 나그네의 신분으로 조나라에 의탁하고자 하시지만 어려울 것입니다.① 홀로 조나라 후예②를 세우고 의로써 도우면 공로를 세울 수 있습니다."

곧 조헐趙歇을 찾아내어③ 세워 조왕으로 삼고 신도信都④에 거처했다. 이량이 군사를 진격시켜 진여를 공격하자 진여는 이량을 패퇴시켰다. 이량은 달아나 장함에게 귀의했다.

李良已得秦書 固欲反趙 未決 因此怒 遣人追殺王姊道中 乃遂將其兵襲邯鄲 邯鄲不知 竟殺武臣邵騷 趙人多爲張耳陳餘耳目者 以故得脫出 收其兵 得數萬人 客有說張耳曰 兩君羈旅 而欲附趙 難① 獨立趙後②

扶以義 可就功 乃求得趙歇[③] 立爲趙王 居信都[④] 李良進兵擊陳餘 陳餘敗李良 李良走歸章邯

① 難난

색은 살펴보니 나그네로 세력이 약해서 공로를 세우기가 어렵다는 것이다.

案 羈旅勢弱 難以立功也

② 趙後조후

색은 오직 육국인 조왕의 후예를 세워야 함을 이른다.

謂獨有立六國趙王之後

③ 求得趙歇구득조헐

집해 서광이 말했다. "(이세 황제 2년) 정월이다. 歇의 발음은 '알[烏轄反]'이다." 살펴보니 장안이 말했다. "조나라 후예이다."

徐廣曰 正月也 音烏轄反 駰案 張晏曰 趙之苗裔

신주 이때 책력으로 정월은 10월이니, 이세 황제 2년 1월에 조헐을 조왕으로 세운 것이다.

④ 信都신도

집해 서광이 말했다. "뒤에 항우가 고쳐서 양국襄國이라 했다."

徐廣曰 後項羽改曰襄國

신주 한단에서 동북쪽으로 150km가량 떨어져 있다.

장함은 군사를 이끌고 한단에 이르러 그곳의 백성을 하내河內로 모두 옮기고 그 성곽을 없애버렸다. 장이와 조왕 헐이 달아나 거록성[①]으로 들어가자 왕리王離가 포위했다. 진여는 북쪽 상산의 군사를 거두어 수만 명을 얻어 거록의 북쪽에 주둔했다. 장함은 거록 남쪽 극원棘原에 주둔해서 용도甬道를 쌓고 하수까지 연결하여[②] 왕리에게 군량을 조달했다.

왕리의 군사는 먹을 것이 많아지자 급하게 거록을 공격했다. 거록의 성안에는 먹을 것이 다하고 병사의 수가 적어 장이는 수차 사람을 진여에게 보내 전진하라고 알렸으나, 진여는 스스로가 병사의 수가 적다고 헤아려 진나라에 대적하지 않고 감히 전진하지 않았다.

章邯引兵至邯鄲 皆徙其民河內 夷其城郭 張耳與趙王歇走入鉅鹿城[①] 王離圍之 陳餘北收常山兵 得數萬人 軍鉅鹿北 章邯軍鉅鹿南棘原 築甬道屬河[②] 餉王離 王離兵食多 急攻鉅鹿 鉅鹿城中食盡兵少 張耳數使人召前陳餘 陳餘自度兵少 不敵秦 不敢前

① 鉅鹿城거록성

신주 한단과 신도의 중간쯤에 있다.

② 屬河속하

신주 이 당시 황하 물줄기는 지금 하북평원을 대각선으로 가로지르는 청하青河였다. 또 청하 바로 북쪽에는 그 이전에 황하 물줄기였던 장수漳水가 흐르고 있어 수운에 편리했다.

수개월이 지나자 장이는 크게 노하여 진여를 원망하고 장염張黶과 진석陳澤[①]에게 가서 진여를 꾸짖어 말하게 했다.

"처음에 내가 공과 문경지교를 맺었고 지금 왕과 나는 조만간 죽을 지경인데, 공은 군사 수만 명을 가지고도 구원하려고 하지 않으니 서로를 위해 죽겠다고 한 것이 어디에 있는가. 진실로 반드시 믿음이 있다면 어찌 진나라 군으로 나아가 함께 죽지 않는가. 만약 그리하면 열에 하나나 둘은 온전할 것이오.[②]"

진여가 말했다.

"내가 헤아려보건대 전진해도 마침내 조나라를 구원하지 못하고 헛되이 군사만 모두 잃을 것입니다. 또 제가 함께 죽지 않는 까닭은 조왕과 장군張君을 위해 진나라에 복수하고자 하는 것입니다. 지금 반드시 함께 죽으면 마치 고기를 굶주린 호랑이에게 맡기는 것과 같은 것이니 무슨 보탬이 되겠습니까."

장염과 진석이 말했다.

"사태가 이미 급박하여 함께 죽어서 신의를 세우는 것이 중요하지 어찌 뒤의 생각을 알겠습니까."

진여가 말했다.

"내가 죽는 것은 생각컨대 보탬이 없을 것이라고 여기지만, 반드시 공의 말처럼 하리라."

곧 5,000명의 군사로 장염과 진석에게 먼저 진나라 군사를 시험해[③] 보았는데 모두 몰살당하기에 이르렀다.

數月 張耳大怒 怨陳餘 使張黶陳澤[①]往讓陳餘曰 始吾與公爲刎頸交 今王與耳旦暮且死 而公擁兵數萬 不肯相救 安在其相爲死 苟必信 胡不

赴秦軍俱死 且有十一二相全[②] 陳餘曰 吾度前終不能救趙 徒盡亡軍 且餘所以不俱死 欲爲趙王張君報秦 今必俱死 如以肉委餓虎 何益 張黶陳澤曰 事已急 要以俱死立信 安知後慮 陳餘曰 吾死顧以爲無益 必如公言 乃使五千人令張黶陳澤先嘗[③]秦軍 至皆沒

① 陳澤진석

정의 澤의 발음은 '석釋'이다.

音釋

② 十一二相全십일이상전

정의 열 중에서 하나나 둘이 진나라를 이기기를 바란다는 뜻이다.

十中冀一兩勝秦

③ 嘗상

색은 최호가 말했다. "상嘗은 시험과 같다."

崔浩云 嘗猶試

이때 연나라, 제나라, 초나라에서 조나라가 급박하다는 소식을 듣고 모두 구원하러 왔다. 장오張敖도 북쪽 대代의 군사를 수습하여 1만여 명을 얻어서 왔다. 모두 진여의 곁에 장벽을 쌓았지만 감히 진나라를 공격하지 못했다. 항우의 군사가 장함의 용도를 자주 끊어 왕리군은 식량이 떨어지고 말았다. 항우는 군사를 모두 이끌고 하수를 건너서 마침내 장함을 쳐부수었다.[1]

장함은 군사를 인솔하여 포위를 풀었다. 제후들의 군사는 곧 거록의 진나라 군사를 과감하게 포위 공격하여 마침내 왕리를 사로잡았다. 섭간涉間은 자살하였다. 결국 거록을 보존한 것은 초나라의 힘이었다. 이에 조왕 헐과 장이는 곧 거록에서 나오게 되어 제후들에게 사례했다. 장이는 진여와 서로 만나자 진여가 조나라를 구원하지 않은 것을 책망하여 꾸짖고 장염과 진석이 있는 곳을 묻기에 이르렀다. 진여가 노하여 말했다.

"장염과 진석이 반드시 죽어야 한다고 신을 꾸짖기에 신이 5,000명을 거느리게 하여 먼저 진나라 군사를 시험하라고 했는데, 모두 몰살당하고 탈출하지 못했습니다."

장이는 믿지 않고 진여가 (그들을) 죽인 것으로 생각했고 자주 진여를 문책했다.

當是時 燕齊楚聞趙急 皆來救 張敖亦北收代兵 得萬餘人 來 皆壁餘旁 未敢擊秦 項羽兵數絕章邯甬道 王離軍乏食 項羽悉引兵渡河 遂破章邯[1] 章邯引兵解 諸侯軍乃敢擊圍鉅鹿秦軍 遂虜王離 涉間自殺 卒存鉅鹿者 楚力也 於是趙王歇張耳乃得出鉅鹿 謝諸侯 張耳與陳餘相見 責讓陳餘以不肯救趙 及問張黶陳澤所在 陳餘怒曰 張黶陳澤以必死責臣 臣使將五千人先嘗秦軍 皆沒不出 張耳不信 以爲殺之 數問陳餘

① 破章邯파장함

집해 서광이 말했다. "(이세 황제) 3년 12월이다."

徐廣曰 三年十二月也

진여가 노하여 말했다.

"군께서 신을 책망함이① 심할 것이라고 생각하지 못했습니다. 어찌 신이 장수의 지위를 버리는 것을 애석하게② 여기겠습니까."

곧 인수를 풀어 장이에게 내주었다. 장이는 또한 당황하며 받지 않았다. 진여는 일어나 측간에 갔다. 빈객이 있어 장이를 설득했다.

"신이 듣기에 '하늘이 주는 것을 받지 않으면 도리어 그 허물을 받는다.③'라고 했습니다. 지금 진陳장군(진여)이 군君에게 인수를 주었는데 군君께서 받지 않는다면 하늘의 뜻을 거역하는 것으로 상서롭지 못한 것입니다. 신속히 그것을 취하십시오."

장이는 곧 그 인수를 차고 그 휘하들을 거두었다. 진여가 돌아왔는데 또한 장이가 (인수를) 사양하지 않은 것을 원망하고④ 마침내 총총걸음으로 물러났다. 장이는 마침내 그 군사들을 수습했다. 진여는 홀로 휘하에서 사이가 좋은 자 수백 명과 함께 하수 주변 연못에서 물고기를 잡으며 지냈다. 이로 말미암아 진여와 장이는 마침내 틈이 생겼다.

陳餘怒曰 不意君之望①臣深也 豈以臣爲重②去將哉 乃脫解印綬 推予張耳 張耳亦愕不受 陳餘起如廁 客有說張耳曰 臣聞 天與不取 反受其咎③ 今陳將軍與君印 君不受 反天不祥 急取之 張耳乃佩其印 收其麾下

而陳餘還 亦望張耳不讓[④] 遂趨出 張耳遂收其兵 陳餘獨與麾下所善數百人之河上澤中漁獵 由此陳餘張耳遂有卻

① 望망

색은 망望은 원망하여 꾸짖는 것이다.

望 怨責也

② 重중

색은 살펴보니 중重은 해석하기 어렵다. 어떤 이는 중重은 아끼는 것이라고 했다.

案 重訓難也 或云重 惜也

③ 天與不取 反受其咎천여불취 반수기구

색은 이 말은《국어》에서 나왔다.

此辭出國語

신주 이 말은《설원說苑》에도 나온다. "하늘이 주는 것을 받지 않으면 도리어 그 허물을 받고, 때가 왔는데도 맞이하지 않으면 도리어 그 재앙을 받는다.[天與不取 反受其咎 時至不迎 反受其殃]"라고 했다.

④ 望張耳不讓망장이불양

정의 진여가 측간에 갔다가 돌아와서 또한 장이가 그 인수를 받는 것을 사양하지 않았음을 원망했다는 말이다.

言陳餘如廁還 亦怨望張耳不讓其印

조왕 헐은 다시 신도信都에 거처했다. 장이는 항우와 제후들을 따라 함곡관으로 들어갔다.
한왕 원년(서기전 206) 2월, 항우는 제후왕들을 세웠다. 장이는 이전부터 교유하여[①] 사람들이 그를 위해 말을 많이 해주었다. 항우도 평소에 장이가 현명하다는 소문을 자주 들었다. 곧 조나라를 나누어 장이를 세워 상산왕常山王으로 삼고 신도에서 다스리게 했다. 신도의 이름을 고쳐 양국襄國이라 했다. 진여의 빈객들 대부분이 항우를 설득하였다.
"진여와 장이는 한 몸으로 조나라에 공로가 있었습니다."
항우는 진여가 함곡관으로 따라 들어가지 않았으며 그가 남피南皮[②]에 있다는 소식을 듣고 곧 남피의 부근에 있는 3개의 현을 봉하였다. 조왕 헐을 옮겨서 대代[③]에서 왕을 하게 했다.
趙王歇復居信都 張耳從項羽諸侯入關 漢元年二月 項羽立諸侯王 張耳雅游[①] 人多爲之言 項羽亦素數聞張耳賢 乃分趙立張耳爲常山王 治信都 信都更名襄國 陳餘客多說項羽曰 陳餘張耳一體有功於趙 項羽以陳餘不從入關 聞其在南皮[②] 卽以南皮旁三縣以封之 而徙趙王歇王代[③]

① 雅游아유

집해 위소가 말했다. "아雅는 본래라는 뜻이다."

韋昭曰 雅 素也

색은 정씨가 말했다. "아雅는 예전이다." 위소가 말했다. "아雅는 본래라는 뜻이다." 그러니 '본래'는 또한 '예전'이다. 고유故游는 유람하며 따르는 것에 익숙하므로 남들에게 칭찬을 많이 받고 명예가 높다는 말이다.

鄭氏云 雅 故也 韋昭云 雅 素也 然素亦故也 故游 言慣游從 故多爲人所稱譽

② 南皮남피

색은 〈지리지〉에서는 발해군에 속한다.

地理志屬勃海

정의 남피 옛 성은 창주滄州 남피현 북쪽 4리에 있다.

故城在滄州南皮縣北四里也

③ 代대

집해 서광이 말했다. "대현에 도읍했다."

徐廣曰 都代縣

장이가 봉해진 나라로 가자 진여는 더욱더 노하여 말했다.
"장이와 내 공로는 같은데, 지금 장이는 왕이 되고 나는 후侯가 되었으니 이것은 항우가 불공평한 것이다."
제왕齊王 전영田榮이 초나라를 배반하기에 이르자, 진여는 곧 하열夏說을 보내서 전영을 설득했다.①
"항우는 천하의 주재主宰가 되었지만 분배가 불공평합니다. 여러 장수는 다 좋은 땅에서 왕을 하게 하고 옛날 왕들은 옮겨서 나쁜 땅에서 왕을 하게 합니다. 지금 조왕은 대代에 거처합니다. 원컨대

왕께서 신에게 군사를 빌려주시어 남피를 방패로 삼기를 바랍니다."
전영은 조나라에 당黨을 세워서 초나라를 배반하려고 했기 때문에 곧 군사를 보내 진여를 따르게 했다. 진여는 이로 인해 3개 현의 군사를 다 보내서 상산왕 장이를 습격했다. 장이는 패해 달아나면서 제후 중에 자신이 돌아갈 곳이 없다고 생각하고 말했다.
"한왕漢王은 나와 함께 옛날 친교②가 있었지만 항우는 또한 강성하고 나를 세워 주었으니 나는 초나라로 가고자 한다.③"
張耳之國 陳餘愈益怒 曰 張耳與餘功等也 今張耳王 餘獨侯 此項羽不平 及齊王田榮畔楚 陳餘乃使夏說說①田榮曰 項羽爲天下宰不平 盡王諸將善地 徙故王王惡地 今趙王乃居代 願王假臣兵 請以南皮爲扞蔽 田榮欲樹黨於趙以反楚 乃遣兵從陳餘 陳餘因悉三縣兵襲常山王張耳 張耳敗走 念諸侯無可歸者 曰 漢王與我有舊故② 而項羽又彊 立我 我欲之楚③

① 夏說說하열세

정의 앞에 說의 발음은 '열悅'이고, 뒤에 說의 발음은 '세[式銳反]'이다.
上說音悅 下式銳反

② 舊故구고

집해 장안이 말했다. "한왕이 일반 백성일 때 일찍이 장이를 따라서 놀았다."
張晏曰 漢王爲布衣時 嘗從張耳游

③ 而項羽～我欲之楚이항우～아욕지초

집해 장안이 말했다. "항우가 이미 강성하고 또 세워주었다. 이 때문에 갈 곳을 알지 못하고 머뭇거린 것이다."

張晏曰 羽旣彊盛 又爲所立 是以狐疑莫知所往也

감공甘公[①]이 말했다.

"한왕(한고조 유방)이 함곡관으로 들어갔을 때 오성五星(수성, 화성, 금성, 목성, 토성)이 동정東井에 모였습니다. 동정이란 진秦나라 분야分野입니다. (한왕이) 먼저 이르렀으니 반드시 패자霸者가 될 것입니다. 초나라가 비록 강하나 뒤에는 반드시 한나라에 복속될 것입니다."

그리하여 장이는 한나라로 달아났다.[②] 한왕은 또한 돌아와 삼진三秦을 평정하였고 바야흐로 폐구廢丘에서 장함을 포위했다. 장이가 한왕을 배알하자 한왕은 후하게 대우했다. 진여는 장이를 무찌르고 나서 조나라 땅을 전부 다시 차지하고 조왕을 대代에서 맞이하여 다시 조왕으로 삼았다.

조왕은 진여의 덕으로 여기고 진여를 세워서 대왕代王으로 삼았다. 진여는 조왕이 허약하고 국가가 막 평정되었다고 여겨서 자신의 나라로 가지 않고 머물러 조왕을 도왔으며, 하열을 상국으로 삼아 대代를 지키게 했다.

甘公[①]曰 漢王之入關 五星聚東井 東井者 秦分也 先至必霸 楚雖彊 後必屬漢 故耳走漢[②] 漢王亦還定三秦 方圍章邯廢丘 張耳謁漢王 漢王

厚遇之 陳餘已敗張耳 皆復收趙地 迎趙王於代 復爲趙王 趙王德陳餘立以爲代王 陳餘爲趙王弱 國初定 不之國 留傅趙王 而使夏說以相國守代

① 甘公감공

집해 문영이 말했다. "별자리를 잘 설명하는 감씨甘氏이다."

文穎曰 善說星者甘氏也

색은 〈천관서〉에는 제나라 감공甘公이라고 일렀고 《한서》 〈예문지〉에는 초나라에 감공이 있다고 일러 제나라와 초나라가 같지 않았다. 유흠의 《칠략》에서 "자는 봉逢이고 이름은 감덕甘德이다."라고 했다. 《지림》에서 "감공의 다른 이름은 덕德이다."라고 했다.

天官書云齊甘公 藝文志云楚有甘公 齊楚不同 劉歆七略云 字逢 甘德 志林云 甘公一名德

② 耳走漢이주한

집해 서광이 말했다. "(한나라) 2년 10월이다."

徐廣曰 二年十月也

한왕 2년, 동쪽으로 초나라를 공격하였고 사신을 보내 조나라에 보고하고 함께하고자 했다. 진여가 말했다.
"한나라에서 장이를 죽여주면 곧 따르겠다."

이에 한왕은 장이와 비슷한 사람을 구하여 참수하고 그 머리를 가지고 진여에게 보냈다. 진여는 곧 군사를 보내서 한나라를 도왔다. 한나라가 팽성의 서쪽에서 무너지고 진여는 또한 다시 장이가 죽지 않았다는 것을 깨닫자, 곧 한나라를 배신했다.

한왕 3년, 한신韓信이 위魏나라 땅을 이미 평정했다. 장이와 한신을 보내 조나라의 정형井陘을 공격해 쳐부수고① 진여를 지수泜水② 부근에서 참수했으며 조왕 헐을 추격해 양국襄國에서 살해했다. 한나라는 장이를 세워 조왕趙王으로 삼았다.③

한왕 5년, 장이가 죽자 시호를 경왕景王이라고 했다. 아들 장오가 계승해 서서 조왕이 되었다. 고조의 장녀 노원공주魯元公主는 조왕 장오의 왕후가 되었다.

漢二年 東擊楚 使使告趙 欲與俱 陳餘曰 漢殺張耳乃從 於是漢王求人類張耳者斬之 持其頭遺陳餘 陳餘乃遣兵助漢 漢之敗於彭城西 陳餘亦復覺張耳不死 卽背漢 漢三年 韓信已定魏地 遣張耳與韓信擊破趙井陘① 斬陳餘泜水②上 追殺趙王歇襄國 漢立張耳爲趙王③ 漢五年 張耳薨 諡爲景王 子敖嗣立爲趙王 高祖長女魯元公主爲趙王敖后

① 破趙井陘파조정형

집해 서광이 말했다. "(고조) 3년 10월이다."

徐廣曰 三年十月

신주 한신은 태행산맥을 관통하는 호타수 물길을 따라 조나라로 쳐들어왔다.

② 泜水지수

집해 서광이 말했다. "상산군에 있다. 泜의 발음은 '지遲'이다. 泜의 다른 발음은 '제[丁禮反]'이다."

徐廣曰 在常山 音遲 一音丁禮反

색은 서광은 泜의 발음은 '지遲'라 했고 소림은 泜의 발음은 '지祇'라고 했다. 진작은 泜의 발음은 '제[丁禮反]'라고 했는데, 지금 세속에서는 이 물을 부를 때 그렇게 발음한다. 살펴보니 〈지리지〉에는 泜의 발음은 '지脂'라고 하니, 소림의 발음이 뜻을 얻었다. 곽경순(곽박)은 《산해경》에 주석하였다. "지수는 상산군 중구현中丘縣에서 나온다."

徐廣音遲 蘇林音祇 晉灼音丁禮反 今俗呼此水則然 案 地理志音脂 則蘇音爲得 郭景純注山海經云 泜水出常山中丘縣

정의 지수는 조주趙州 찬황현의 영역에 있다.

在趙州贊皇縣界

③ 立張耳爲趙王입장이위조왕

집해 서광이 말했다. "4년 11월이다." 살펴보니 《한서》에는 "4년 여름이다."라고 했다.

徐廣曰 四年十一月 駰案 漢書四年夏

조왕을 구한 관고

한왕 7년, 고조가 평성平城으로부터 조나라를 지나가는데, 조왕은 아침저녁으로 육단肉袒을 하고 팔뚝에 토시[①]를 끼고 스스로 식사를 올리면서 예를 매우 겸손하게 하여 사위의 예를 다했다. 고조는 거만하게 앉아서[②] 꾸짖으며 매우 업신여기며 쉽게 대했다. 조나라 상신相臣인 관고貫高와 조오趙午 등은 60여 세이며[③] 옛날 장이의 빈객이었다. 평상시에도 기개가 있었는데 이에 노하여 말했다.

"우리 왕은 나약한[④] 왕이다!"

이에 왕을 설득했다.

"대저 천하의 호걸들이 함께 일어나 능력 있는 자가 먼저 섰습니다. 지금 왕께서 매우 공손히 고조를 섬기고 있지만 고조께서는 무례하니 왕을 위해 살해할 것을 청합니다!"

漢七年 高祖從平城過趙 趙王朝夕袒韝[①]蔽 自上食 禮甚卑 有子壻禮 高祖箕踞[②]詈 甚慢易之 趙相貫高趙午等年六十餘[③] 故張耳客也 生平爲氣 乃怒曰 吾王孱[④]王也 說王曰 夫天下豪桀竝起 能者先立 今王事高祖甚恭 而高祖無禮 請爲王殺之

① 鞲구

집해 서광이 말했다. "구鞲는 팔의 토시이다."

徐廣曰 鞲者 臂捍也

② 箕踞기거

색은 최호가 말했다. "무릎을 굽히고 앉으니 그 형상이 키와 같다."

崔浩云 屈膝坐 其形如箕

③ 六十餘육십여

집해 서광이 말했다. "〈전숙열전〉에서 '조나라 상신 조오 등 수십 명이 모두 노했다.'라고 했으니 어떤 이가 60여 명이라고 말한 것이 마땅하다."

徐廣曰 田叔傳云 趙相趙午等數十人皆怒 然則或宜言六十餘人

④ 孱잔

집해 맹강이 말했다. "孱의 발음은 '잔원潺湲'의 '잔潺'과 같다. 기주冀州 사람들은 나약한 것을 잔孱이라고 이른다." 위소가 말했다. "인자하고 조심하는 모양이다."

孟康曰 音如潺湲之潺 冀州人謂懦弱爲孱 韋昭曰 仁謹貌

색은 살펴보니 복건은 孱의 발음은 '잔[鉏閑反]'이라고 하고, 약하고 작은 모습이라고 했다. 안사고는 孱의 발음은 '선[仕連反]'이라고 했다.

案 服虔音鉏閑反 弱小貌也 小顏音仕連反

장오는 그 손가락을 깨물어[①] 피를 흘리면서 말했다.

"그대는 어찌하여 말을 그릇되게 하시오. 또 선인께서 국가를 망하게 했는데 고조에 힘입어 국가를 회복해 그 덕이 자손에게 흘렀으니, 가을 털끝만큼도 모두 고조의 힘이었소. 원컨대 그대는 다시 입 밖에 내지 마시오."

관고와 조오 등 10여 명이 모두 서로 말했다.

"우리들이 잘못하였다. 우리 왕은 장자長者이므로 덕을 배반하지 않을 것이다. 또 우리들은 의리상 욕을 당하지 않게 하려한 것이며, 지금 고조가 우리 왕을 모욕한 것을 원망해서 죽이고자 한 것이다. 어찌 왕을 더럽히려고[②] 한 것이겠는가. 일을 성사하면 왕께 돌리고 일이 실패하면 우리 몸만 홀로 (법에) 걸릴 뿐이다."

한왕 8년, 주상이 동원東垣으로부터 돌아와 조나라를 지나는데, 관고 등이 백인柏人[③]의 관사 벽 속에 사람을 숨겨 이중벽을 설치하고 기다렸다.[④] 주상이 지나면서 숙박하려다가 마음으로 느끼고 물었다.

"현의 이름이 무엇인가?"

대답했다.

"백인현이라 합니다."

"백인柏人이란 사람을 옥죄는 것이다."

(주상이) 숙박하지 않고 떠났다.

張敖齧其指[①]出血 曰 君何言之誤 且先人亡國 賴高祖得復國 德流子孫 秋豪皆高祖力也 願君無復出口 貫高趙午等十餘人皆相謂曰 乃吾等非

也 吾王長者 不倍德 且吾等義不辱 今怨高祖辱我王 故欲殺之 何乃汙[②] 王爲乎 令事成歸王 事敗獨身坐耳 漢八年 上從東垣還 過趙 貫高等乃 壁人柏人[③] 要之置廁[④] 上過欲宿 心動 問曰 縣名爲何 曰 柏人 柏人者 迫於人也 不宿而去

① 齧其指설기지

색은 살펴보니 안사고가 말했다. "손가락을 깨물어 지극한 정성을 드러내어 그것을 서약한 것이다."

案 小顔曰 齧指以表至誠 爲其約誓

② 汙오

색은 소해는 汙의 발음은 '오[一故反]'라고 했다. 《설문》에서 말한다. "오汙는 더러움이다."

蕭該音一故反 說文云 汙 穢也

③ 壁人柏人벽인백인

색은 백인현의 관사 벽 속에 사람을 준비해두고 변란을 만들고자 한 것을 이른다.

謂於柏人縣館舍壁中著人 欲爲變也

정의 백인현 옛 성은 형주邢州 백인현 서북쪽 12리에 있고 곧 고조가 묵은 곳이다.

柏人故城在邢州柏人縣西北十二里 即高祖宿處也

④ 要之置厠요지치측

집해 위소가 말했다. "공급하기 위해 설치한 것이다."

韋昭曰 爲供置也

색은 문영이 말했다. "사람을 측간의 벽 속에 두어서 고조를 엿보게 한 것이다." 장안이 말했다. "벽을 파고 비워 사람을 안에 머무르게 했다." 지금 살펴보니 '치측'이란 사람을 이중 벽 속에 둔 것이고 그것을 일러 치측置厠이라고 한다. 측厠은 곁에 숨어 있는 곳이라 이에 따라 말한 것이다. 또한 '측側'으로 발음한다.

文穎云 置人廁壁中 以伺高祖也 張晏云 鑿壁空之 令人止中也 今按 云 置廁 者 置人於複壁中 謂之置廁 廁者隱側之處 因以爲言也 亦音側

한왕 9년, 관고貫高에게 원한을 품은 집안에서 그 모의를 알아차리고 곧 변고를 알렸다. 이에 주상은 조왕과 관고 등을 모두 아울러 체포하게 했다. 10여 명이 모두 앞다투어 자결하려고 했는데 관고가 홀로 노하고 꾸짖었다.

"누가 공들에게 이렇게 하라고 시켰는가. 지금 왕은 진실로 (반역할) 계획이 없었는데 왕도 함께 체포되었다. 공들이 모두 죽는다면 누가 왕께서 반역하지 않았다는 것을 밝히겠는가."

이에 밀봉한 함거轞車에 실려① 왕과 함께 장안에 이르렀다. 장오의 죄를 취조했다. 주상은 조나라 군신과 빈객들에게 조서를 내려 감히 왕을 따라오는 자가 있으면 씨족을 멸하겠다고 했다. 관고와 그 빈객인 맹서孟舒 등 10여 명이 모두 스스로 머리를 깎고 목에 형구를 차며 왕의 집안의 종이 되어 따라왔다. 관고는 도착하여 옥관에게 대답했다.

"다만 우리들이 꾸몄고 왕은 진실로 알지 못했습니다."

옥리가 수천 대 매질을 하고 꼬챙이로 찔러② 몸이 때릴 만한 곳이 없는데도 끝까지 다시 말하지 않았다.

여후呂后는 장왕을 자주 언급하며, 노원공주 때문이라도 마땅히 이러한 일은 하지 않았을 것이라 했다. 주상이 노하여 말했다.

"장오가 천하를 가지게 된다면 어찌 여자가 적겠는가!③"

漢九年 貫高怨家知其謀 乃上變告之 於是上皆并逮捕趙王貫高等 十餘人皆爭自剄 貫高獨怒罵曰 誰令公爲之 今王實無謀 而并捕王 公等皆死 誰白王不反者 乃轞車膠致① 與王詣長安 治張敖之罪 上乃詔趙群臣賓客有敢從王皆族 貫高與客孟舒等十餘人 皆自髡鉗 爲王家奴 從來 貫高至 對獄 曰 獨吾屬爲之 王實不知 吏治榜笞數千 刺剟② 身無可擊者 終不復言 呂后數言張王以魯元公主故 不宜有此 上怒曰 使張敖據天下 豈少而女乎③

① 轞車膠致함거교치

정의 그 수레 위에 판자를 붙이고 사방 둘레를 함轞 모양처럼 만들어 열지 못하도록 아교로 밀봉한 것이며, 경사京師에 보낸 것이다.

謂其車上著板 四周如檻形 膠密不得開 送致京師也

② 刺剟자철

집해 서광이 말했다. "剟의 발음은 '졀[丁劣反]'이다."

徐廣曰 丁劣反

색은 서광은 蟨의 발음은 '절[丁劣反]'이라고 했다. 살펴보니 철掇도 찌르는 것이다. 《한서》에는 '자열刺爇'로 되어 있다. 장안이 말했다. "열爇은 태우는 것이다." 《설문》에서 말한다. "태우는 것이다." 응소가 말했다. "쇠로 찌르는 것이다."

徐廣音丁劣反 案 掇亦刺也 漢書作刺爇 張晏云 爇 灼也 說文云 燒也 應劭云 以鐵刺之

신주 《사기》대로 하면 꼬챙이로 찌르는 것[刺蟨]이고, 《한서》대로 하면 꼬챙이로 찌르고 인두로 지지는 것[刺爇]이다.

③ 張敖據天下 豈少而女乎장오거천하 기소이녀호

신주 장오가 천하를 차지한다면 세상에 널리고 널린 게 여자라는 말이다. 그러니 노원공주 하나 때문에 반란을 계획하지 않았다고 말하지 말라는 것이다.

> 그래서 여후의 말을 듣지 않았다. 정위가 관고의 사건을 문초한 것을 보고하자 주상이 말했다.
>
> "장사壯士로다! 누구 아는 자가 있으면 사사로이 조사해 보라.①"
>
> 중대부中大夫 설공泄公②이 말했다.
>
> "신의 고을 사람이라 평소 알고 있습니다. 이 사람은 진실로 조나라에 명분과 의리를 세워 그러한 약속을 저버리지 않는 자입니다."

주상은 설공을 시켜서 부절을 가지고 편여篇輿를 타고 앞에 가서[3] 묻게 했다. 관고가 우러러보면서 말했다.

"설공이구만!"

설공은 평소처럼 그 고통을 위로하고 사이좋게 대하면서 더불어 말하면서, 장왕이 과연 계책한 것이 있는지 없는지를 물었다. 관고가 말했다.

"사람의 정으로 어찌 각각 그 부모와 처자식을 아끼지 않겠는가. 지금 나의 삼족에게 모두 사형을 판결하였는데 어찌 왕을 나의 친속과 바꾸겠는가. 돌아보아도 왕은 진실로 반역을 하지 않았고 오직 우리들이 한 것이오."

일을 꾸민 본래 취지와 왕이 몰랐던 상황을 자세히 말했다. 이에 설공이 들어가 구체적으로 보고하자, 주상은 조왕을 사면했다.

不聽 廷尉以貫高事辭聞 上曰 壯士 誰知者 以私問之[1] 中大夫泄公[2]曰 臣之邑子 素知之 此固趙國立名義不侵爲然諾者也 上使泄公持節問之箯輿前[3] 仰視曰 泄公邪 泄公勞苦如生平驩 與語 問張王果有計謀不 高曰 人情寧不各愛其父母妻子乎 今吾三族皆以論死 豈以王易吾親哉 顧爲王實不反 獨吾等爲之 具道本指所以爲者王不知狀 於是泄公入 具以報 上乃赦趙王

① 以私問之이사문지

집해 신찬이 말했다. "사사로운 정으로 서로 위문하는 것이다."

瓚曰 以私情相問

② 泄公설공

[정의] 설泄은 성이다. 역사에 설사泄私가 있다.

泄 姓也 史有泄私

③ 箯輿前편여전

[집해] 광이 말했다. "箯의 발음은 '편鞭'이다." 살펴보니 위소가 말했다. "여輿는 지금의 여상輿牀(가마)과 같고 사람이 타서 가는 것이다."

徐廣曰 箯音鞭 駰案 韋昭曰 輿如今輿牀 人輿以行

[색은] 복건이 말했다. "箯의 발음은 '편編'이다. 편箯은 대나무를 지금 준峻처럼 엮은 것으로, 거름을 버릴 수 있다." 하휴는 《공양전》에 주석하였다. "筍의 발음은 '준峻'이다. 준筍은 대를 엮어 만든 가마이며 일명 편編이라고 한다. 제나라와 노나라 이북에서는 이름을 준筍이라고 한다." 곽박은 《삼창》에 주석하였다. "편여는 토기이다."

服虔云 音編 編竹木如今峻 可以糞除也 何休注公羊 筍音峻 筍者 竹箯 一名編 齊魯已北名爲筍 郭璞三倉注云 箯輿 土器

주상은 관고의 사람됨이 현명하여 약속을 실천한다고[然諾] 여기고 설공을 시켜서 구체적으로 알리게 했다.

"장왕은 이미 출옥했네."

이어서 관고를 사면한다고 했다. 관고는 기뻐하며 말했다.

"우리 왕께서 확실히 풀려나오셨소?"

설공이 대답했다.

"그렇소."

설공이 말했다.

"주상께서 족하를 아름답게 여기고 족하를 사면했소."

관고가 말했다.

"이 한 몸을 남김없이 죽지 않은 까닭은 장왕이 반역하지 않았다는 것을 밝히기 위해서였소. 지금 왕이 출옥했고 내 책임은 이미 다했으니 죽어도 여한이 없을 것이오. 또 신하가 되어 자리를 빼앗고 죽이려 했다는 명분을 가지고 무슨 면목으로 다시 윗사람을 섬기겠는가. 비록 주상께서 윗사람을 풀어주고 나를 죽이지 않았지만 내가 마음에 부끄럽지 않겠는가."

이에 우러러 목①을 끊고 마침내 죽었다. 이때에 명성이 천하에 알려졌다.

上賢貫高爲人能立然諾 使泄公具告之 曰 張王已出 因赦貫高 貫高喜曰 吾王審出乎 泄公曰 然 泄公曰 上多足下 故赦足下 貫高曰 所以不死一身無餘者 白張王不反也 今王已出 吾責已塞 死不恨矣 且人臣有簒殺之名 何面目復事上哉 縱上不殺我 我不愧於心乎 乃仰絕肮① 遂死 當此之時 名聞天下

① 肮항

집해 위소가 말했다. "항肮은 목구멍이다."

韋昭曰 肮 咽也

색은 소림이 말했다. "항肮은 목의 대맥大脈이다. 세상에서 이른바 호맥胡脈이라 한다. 肮의 발음은 '항[下郎反]'이다." 소해는 간혹 '항[下浪反]'으로 발음한다고 했다.

蘇林云 肮 頸大脈也 俗所謂胡脈 下郎反 蕭該或音下浪反

장오는 출옥하고 나서 노원공주의 배필①이 된 연유로 봉해져서 선평후宣平侯가 되었다. 이에 주상은 장왕의 여러 빈객을 현명하다고 여겼으며, 형구를 목에 걸고 노예가 되어 장왕을 따라 함곡관으로 들어온 자들을 사면시켰는데 제후의 재상이나 군수郡守가 되었다.

효혜제와 고후高后와 문제와 경제 때에 이르러, 장왕의 빈객 자손들은 모두 2,000섬의 관리가 되었다. 장오는 고후 6년에 죽었다.② 아들 언偃은 노원왕魯元王③이 되었다. 장언의 어머니는 여후의 딸이었으므로 여후가 봉하여 노원왕으로 삼았다.

원왕은 허약하고 또 형제도 적어서 이에 장오의 다른 여인에게서 난 두 아들을 봉했는데, 수壽는 악창후樂昌侯④가 되었고 치侈는 신도후信都侯가 되었다.⑤ 고후高后가 죽자 여러 여씨呂氏가 무도하여 대신들이 죽였다. 노원왕과 악창후와 신도후도 폐했다.

효문제가 즉위하여 옛 노원왕 장언을 다시 봉해 남궁후南宮侯로 삼아 장씨를 잇도록 했다.⑥

張敖已出 以尙①魯元公主故 封爲宣平侯 於是上賢張王諸客 以鉗奴從張王入關 無不爲諸侯相郡守者 及孝惠高后文帝孝景時 張王客子孫皆得爲二千石 張敖 高后六年薨② 子偃爲魯元王③ 以母呂后女故 呂后封爲魯元王 元王弱 兄弟少 乃封張敖他姬子二人 壽爲樂昌侯④ 侈爲信都侯⑤

高后崩 諸呂無道 大臣誅之 而廢魯元王及樂昌侯信都侯 孝文帝卽位 復封故魯元王偃爲南宮侯 續張氏⑥

① 尙상

[색은] 위소가 말했다. "상尙은 받드는 것이다. (공주라서) 감히 취한다고 말하지 않는 것이다." 최호가 말했다. "공주를 받들어 섬기는 것이다." 안사고가 말했다. "상尙은 배필이다. 《역》에서 '중행에서 배필을 얻는다.'라고 했다. 왕필도 상尙을 배필이라 했다." 아마 받든다고 한 뜻이 잘못된 것이리라.

韋昭曰 尙 奉也 不敢言取 崔浩云 奉事公主 小顏云 尙 配也 易曰 得尙于中行 王弼亦以尙爲配 恐非其義也

[신주] 왕필王弼(226~249)은 삼국시대 위魏나라 출신의 학자로 《노자》에 주석을 단 사람으로 유명하고 《역》에도 주석을 달았다. 위진현학魏晉玄學의 대표적 인물로 젊은 나이에 요절했다.

② 張敖 高后六年薨장오 고후육년훙

[집해] 《관중기》에서 말한다. "장오의 무덤은 안릉 동쪽에 있다."

關中記曰 張敖冢在安陵東

[정의] 노원공주의 묘는 함양현 서북쪽 25리에 있고 그 다음 동쪽에는 장오의 무덤이 있어 공주와 같은 지역에 있다. 또 장이의 무덤은 함양현 동쪽 33리에 있다.

魯元公主墓在咸陽縣西北二十五里 次東有張敖冢 與公主同域 又張耳墓在咸陽縣東三十三里

신주 〈고조공신후자연표〉에서 장오는 고후 7년에 죽었다고 하여 〈장이진여열전〉과 다르다.

③ 魯元王노원왕

색은 살펴보니 장언張偃이 그 어머니의 호로써 봉해진 것을 이른다.

案 謂偃以其母號而封也

신주 시호가 그 어머니 칭호 '원元'을 따랐다는 말이다.

④ 樂昌侯악창후

집해 서광이 말했다. "《한기》 〈장포전〉에서 장오의 아들 수壽는 악창후에 봉해지고 세양細陽의 지양향池陽鄉을 식읍으로 했다."

徐廣曰 漢紀張酺傳曰張敖之子壽封樂昌侯 食細陽之池陽鄉也

신주 〈혜경간후자연표〉에는 이름을 수受라 했다.

⑤ 他姬子二人～侈爲信都侯타희자이인～치위신도후

신주 〈혜경간후자연표〉에서 악창후와 신도후는 모두 노원공주의 아들이라 기록하여, 이곳과는 다르다.

⑥ 續張氏속장씨

집해 장오의 시호는 무후武侯이다. 장언張偃의 손자에게 죄가 있어서 단절되었다. 신도후의 이름은 치侈이고, 악창후의 이름은 수壽이다.

張敖謚武侯 張偃之孫有罪絕 信都侯名侈 樂昌侯名壽

신주 장씨들의 명멸과정은 〈고조공신후자연표〉의 '남궁후표'에 자세하다.

태사공이 말한다.

장이와 진여는 현명한 자로 세상에 전해졌고, 그들의 빈객과 시중드는 사람들도 천하의 호걸이 아닌 자가 없었으며 거주하는 나라에서 경卿과 재상으로 데려가지 않는 자가 없었다. 그래서 장이와 진여는 처음 검소하게 살 때① 서로 죽음으로써 신의를 지켰으니② 어찌 문책할 것을 돌아보았겠는가?

그러나 국가를 차지하고 권력을 다툼에 이르게 되자 마침내 서로 멸망시켰으니 어찌하여 지난날에는 서로 사모함이 진실하더니 뒤에는 서로 배신하여 어그러 졌구나. 어찌 권세와 이익으로 사귄 탓③이 아니었겠는가. 명예가 비록 높고 빈객이 비록 성대했다고 하나 대체로 오태백吳太伯과 연릉계자延陵季子와는 다른 이유이다.

太史公曰 張耳陳餘 世傳所稱賢者 其賓客廝役 莫非天下俊桀 所居國無不取卿相者 然張耳陳餘始居約時① 相然信以死② 豈顧問哉 及據國爭權 卒相滅亡 何鄉者相慕用之誠 後相倍之戾也 豈非以勢利交③哉 名譽雖高 賓客雖盛 所由殆與太伯延陵季子異矣

① 約時약시

집해 《한서음의》에서 말한다. "빈천하게 살았을 때이다."

漢書音義曰 在貧賤時也

② 相然信以死상연신이사

색은 살펴보니 갈홍의 《요용자원》에서 "연然은 이爾와 같다."라고 했다. 서로 어울려 승낙하는 것을 함께하는 것이 어떠한가를 이른다. 승낙하고 서로 믿어서 비록 죽더라도 되돌아보지 않는다는 것을 이른다.

按 葛洪要用字苑云 然猶爾也 謂相和同諾者何也 謂然諾相信 雖死不顧也

③ 勢利交세리교

색은 어떤 판본에는 '사리교私利交'라고 되어 있고 《한서》에는 '세리勢利'로 되어 있다. 그러므로 〈염파열전〉에서 "천하는 시장의 도道로써 사귀는 것입니다. 군께서 세력이 있으면 우리는 군을 따르고 군께서 세력이 없으면 떠나는 것입니다. 이것이 진실한 그 이치입니다."라고 한 것이 이것이다.

有本作私利交 漢書作勢利 故廉頗傳云 天下以市道交 君有勢則從君 無勢則去 此固其理 是也

색은술찬 사마정이 펼쳐서 밝히다.

장이와 진여는 천하의 호걸과 준걸이다. 나이를 잊고 나그네로 살며 문경지교로 서로 믿었다. 장이는 거록에서 포위되었지만 진여의 군사는 진격하지 않았다. 장이는 이미 원망이 심해졌고 진여는 인수를 버리고 떠나갔다. 권세와 이익으로 기울여 빼앗으니 틈이 메워지지① 못했구나!

張耳陳餘 天下豪俊 忘年羈旅 刎頸相信 耳圍鉅鹿 餘兵不進 張既望深 陳乃去印 勢利傾奪 隙末成釁①

① 成釁성흔

신주 흔釁은 틈을 말하며, 또 동물의 피를 발라 종鐘의 틈을 메우는 것을 말한다. 피의 철분 성분이 굳어 틈을 메우는 원리이다.

사기 제90권 史記卷九十
위표팽월열전 魏豹彭越列傳

사기 제90권 위표팽월열전 제30

史記卷九十 魏豹彭越列傳第三十

신주 이 열전은 초한쟁패기의 위왕 위표魏豹와 위나라의 재상으로 있던 팽월彭越의 일대기를 하나로 묶은 열전이다.

위표는 희성姬姓 위씨魏氏로서 동이족이다. 원래 위魏나라의 공자이며 위왕 위구魏咎의 아우이다. 진승陳勝이 봉기 후 인심을 얻기 위해 위나라 사람 주불周市를 보내 위나라 왕실의 후예인 위구를 왕으로 삼는다. 그러나 진나라 장군 장함章邯이 진승의 군대를 격파하고 임제臨濟까지 진격하자 그는 자살한다. 이때 위표는 초나라 군중으로 도망갔다가 군사를 얻어서 다시 위나라 땅을 공격한다.

항우가 함곡관으로 들어가 함양에서 제후들을 분봉할 때, 위나라 땅을 차지하려고 위표를 하동으로 보내 평양平陽에 도읍하게 하고 서위왕西魏王으로 삼았으나, 유방이 삼진을 평정하자 한나라에 투항한다. 그러나 그는 유방이 팽성彭城 대전에서 대패하자 한나라를 배신한다. 이에 유방은 한신韓信을 보내 위표를 포로로 잡고 한나라 군사와 형양滎陽을 지키게 한다. 몇 달 뒤 초나라가 형양을 포위하자 그는 주가周苛, 종공과 함께 지켰으나, 주가 등은 위표가 과거에 배신한 전력前歷을 잠재적 위협 요소라고 여기고 위표를 살해함으로써 파란만장한 삶을 마감한다.

팽월은 자字가 중仲이고 탕군碭郡 창읍昌邑 사람이다. 진나라 말기 위나라 땅에서 거병해서 독립적 무장세력으로 활동하다가 유방에 의해 위왕 위표의 상국相國이 된다. 한나라가 중원을 차지한 후 양왕梁王에 봉해지고, 지금의 산동성 하택시荷澤市 정도定陶에 도읍함으로써 한나라 개국 공신으로 이성제후왕異姓諸侯王이 된 것이다, 한신韓信, 영포英布와 함께 '한나라 초 3대 명장'으로 불렸으나, 서기전 196년에 유방의 부인인 여태후의 모함으로 죽임을 당하고 멸족되었다.

사마천은 위표와 팽월의 말로가 피살被殺로 종결된 것은 "지략은 남들보다 뛰어나지만, 오직 자신의 몸이 없어질 것을 걱정했을 뿐이다."라고 평하고 있다. 이것은 위표, 팽월이 대세大勢를 보지 못하고 개인적 욕심을 버리지 못한 결과라고 보고 있는 것이리라.

제一장

위표 형제

위표는 옛 위魏나라의 여러 공자 가운데 한 사람이다. 그 형은 위구魏咎인데[①] 옛 위나라 때에 봉해져 영릉군寧陵君[②]이 되었다. 진秦나라가 위나라를 멸하자 위구를 평민으로 떨어뜨렸다.

진승陳勝이 일어나 왕이 되자[③] 위구는 가서 진승을 따랐다. 진왕은 위나라 사람 주불周市을 시켜 위나라 땅을 순회하게 하고, 위나라 땅이 이미 함락되자 서로 더불어 주불을 세워 위왕으로 삼고자 했다. 주불이 말했다.

"천하가 혼란스러우면 충신이 나타난다고 했소.[④] 지금 천하가 함께 진나라를 배반했소. 그 의리로는 반드시 위왕의 후예를 세우는 것이 좋을 것이오."

제나라와 조나라에서도 수레를 각각 50대를 보내고 주불을 세워 위왕으로 삼게 했다. 주불이 사양하여 받아들이지 않자 위구를 진陳에서 맞이하였다. 다섯 번이나 반복하고 나서야 진왕은 사람을 보내 위구를 세워서 위왕으로 삼았다.[⑤]

魏豹者 故魏諸公子也 其兄魏咎[①] 故魏時封爲寧陵君[②] 秦滅魏 遷咎爲家人 陳勝之起王也[③] 咎往從之 陳王使魏人周市徇魏地 魏地已下 欲相與立周市爲魏王 周市曰 天下昏亂 忠臣乃見[④] 今天下共畔秦 其義必立

魏王後乃可 齊趙使車各五十乘 立周市爲魏王 市辭不受 迎魏咎於陳 五反 陳王乃遣立咎爲魏王⑤

① 魏豹者～其兄魏咎위표자～기형위구

색은 살펴보니 〈팽월열전〉에서 말했다. "위표는 위왕 위구의 종제從弟이며 진실로 위나라 (왕실의) 후예이다."

案 彭越傳云 魏豹 魏王咎從弟 眞魏後也

② 寧陵君영릉군

색은 살펴보니 진작이 말했다. "영릉은 양국梁國의 현이다. 곧 지금의 영릉이 이곳이다."

案 晉灼云 寧陵 梁國縣也 卽今寧陵是

③ 起王也기왕야

정의 王의 발음은 '앙[于放反]'이다.

王 于放反

④ 天下昏亂 忠臣乃見천하혼란 충신내현

색은 《노자》에서 "국가가 혼란하면 충신이 있다."라고 했는데, 이것을 취해서 설명을 한 것이다.

老子曰 國家昏亂有忠臣 此取以爲說也

⑤ 立咎爲魏王입구위위왕

집해 서광이 말했다. "(이세 황제) 원년 12월이다."

徐廣曰 元年十二月也

신주 이때 정월은 지금처럼 1월이 아니라, 10월이 정월이었다. 그러므로 12월은 연초에 해당한다. 또 서광의 말처럼 원년 12월이 아니라 2년 12월이 맞다. 〈진초지제월표〉에도 역시 2년 12월이라 한다.

장함은 진왕陳王을 쳐부수고 나서 군사를 진격시켜 위왕을 임제臨濟[①]에서 공격했다. 위왕은 곧 주불에게 나가서 제나라와 초나라에 구원을 청하게 했다. 제나라와 초나라는 항타項它와 전파田巴[②]를 보내 군사를 이끌고 주불을 따라 위나라를 구원하게 했다.
장함이 마침내 공격해서 주불 등의 군대를 쳐부수어 살해하고 임제를 포위했다. 위구는 그 백성을 위해 항복하기로 약속했다. 약속이 정해지자 위구는 스스로 불살라 자살했다. 위표는 도망쳐서 초나라로 달아났다.[③]
초나라 회왕懷王이 위표에게 수천 명의 군사를 주어 다시 위나라 땅을 빼앗도록 했다. 항우가 진秦나라를 쳐부수고 나자 장함은 항복했다. 위표는 위나라 20여 개 성을 함락했고, (항우는) 위표를 세워서 위왕으로 삼았다.[④]

章邯已破陳王 乃進兵擊魏王於臨濟[①] 魏王乃使周市出請救於齊楚 齊楚遣項它田巴[②]將兵隨市救魏 章邯遂擊破殺周市等軍 圍臨濟 咎爲其民約降 約定 咎自燒殺 魏豹亡走楚[③] 楚懷王予魏豹數千人 復徇魏地 項羽已破秦 降章邯 豹下魏二十餘城 立豹爲魏王[④]

① 臨濟임제

정의 옛 성은 치주 고원현 북쪽 2리에 있는데 본래는 한漢나라 현이다.

故城在淄州高苑縣北二里 本漢縣

② 項它田巴항타전파

색은 살펴보니 항타는 초나라 장수이다. 전파는 제나라 장수이다.

案 項它 楚將 田巴 齊將也

정의 它의 발음은 '다[徒多反]'이다.

它 徒多反

신주 《사기지의》에서 말한다. "유봉세가 말하기를 '〈전담열전〉에서 전담은 스스로 군사를 거느리고 위나라를 구원했는데, 장함은 전담을 임제 아래서 죽였다고 하니, 전파를 보냈다고 한 것은 그릇되었다.'라고 했다."

③ 魏豹亡走楚위표망주초

집해 서광이 말했다. "(이세 황제) 2년 6월이다."

徐廣曰 二年六月

④ 立豹爲魏王입표위위왕

신주 〈진초지제월표〉에 따르면 위표는 자립하여 위왕이 되어 평양平陽에 도읍했다고 한다. 이때는 항우가 제패하여 제후왕을 임명하기 전이므로, 시간순으로 보면 자립해서 위왕이 되었다는 내용이 맞다. 이어지는 기록으로 보더라도 그 점은 명백하다. 따라서 이 문장은 '豹自立爲魏王'(위표가 스스로 서서 위왕이 되었다)가 되어야 한다.

위표는 정예병을 인솔하고 항우를 따라 함곡관으로 들어갔다.
한왕 원년, 항우는 제후를 봉했는데 양梁 땅을 소유하고자 곧 위왕 위표를 하동河東으로 옮겨 평양平陽①에 도읍하게 하고 서위왕西魏王으로 삼았다.②
한왕漢王이 돌아와 삼진三秦③을 평정하고 임진臨晉④을 건너자 위왕 위표는 나라를 들어서 한나라에 귀속하여 마침내 (한왕을) 따라 팽성彭城에서 초나라를 공격했다. 한나라가 패해 돌아와 형양滎陽에 이르자, 위표는 돌아가서 부모의 병을 보살피겠다고 청하고, 자신의 나라에 이르러 곧 하수河水의 나루를 단절하여 한나라를 배신했다.

豹引精兵從項羽入關 漢元年 項羽封諸侯 欲有梁地 乃徙魏王豹於河東 都平陽① 爲西魏王② 漢王還定三秦③ 渡臨晉④ 魏王豹以國屬焉 遂從擊楚於彭城 漢敗 還至滎陽 豹請歸視親病 至國 卽絕河津畔漢

① 平陽평양

정의 지금의 진주晉州이다.

今晉州

② 爲西魏王위서위왕

신주 항우는 옛 위나라 동쪽을 나누어 은국殷國을 설치하고 사마앙司馬卬을 왕으로 삼아 조가朝歌에 도읍하게 했다. 그래서 위표를 하동으로 옮긴 것이 아니라 그 영지가 하동 일대로 축소되어 서위왕이 되었다고 해야 한다.

③ 三秦삼진

신주 섬서성 동관潼關 서쪽의 관중關中 지구를 뜻한다. 춘추전국 시대 진국秦國의 발원지였다.

④ 臨晉임진

정의 임진은 동주同州 조읍현 영역에 있다.

臨晉在同州朝邑縣界

한왕은 위표가 배신했다는 소식을 들었지만 마침 동쪽의 초나라가 걱정되어 공격하지 못하고 역생酈生(역이기)에게 말했다.
"안색을 누그러뜨리고 가서 위표를 설득하여 항복시킬 수 있다면, 나는 그대를 1만 호로 봉할 것이다."
역생이 위표를 설득했지만 위표는 사양하면서 말했다.
"사람이 태어나 한 세상을 살아가는 것은 흰 망아지가 문틈으로 지나가는 것과 같을 뿐이오.① 지금 한왕은 거만하고 남을 업신여기며 제후와 여러 신하를 꾸짖기를 종놈 꾸짖듯이 할 따름이고 위아래의 예절이 없소. 나는 차마 다시 보고 싶지 않소."
이에 한왕은 한신을 보내 위표를 공격하게 해서 하동에서 위표를 사로잡아② 역마로 형양으로 보내고 위표의 나라를 군郡으로 만들었다.③ 한왕은 위표를 시켜서 형양을 지키게 했다. 초나라의 포위가 다급해지자, 주가周苛는 마침내 위표를 살해했다.④

漢王聞魏豹反 方東憂楚 未及擊 謂酈生曰 緩頰往說魏豹 能下之 吾以萬戶封若 酈生說豹 豹謝曰 人生一世間 如白駒過隙耳① 今漢王慢而侮人 罵詈諸侯群臣如罵奴耳 非有上下禮節也 吾不忍復見也 於是漢王遣韓信擊虜豹於河東② 傳詣滎陽 以豹國爲郡③ 漢王令豹守滎陽 楚圍之急 周苛遂殺魏豹④

① 如白駒過隙耳여백구과극이

색은 《장자》에서 "천리마가 달려서 문틈으로 지나가는 것과 다를 것이 없다."라고 일렀으니 곧 말을 이른 것이다. 안사고가 말했다. "백구白駒는 해의 그림자를 이른다. 극隙은 벽의 틈새이다." 그가 말한 것은 빠르고 빨라서 마치 해의 그림자가 벽의 틈새를 지나가는 것과 같다는 것이다.

莊子云 無異騏驥之馳過隙 則謂馬也 小顏云 白駒謂日影也 隙 壁隙也 以言速疾 若日影過壁隙也

② 韓信擊虜豹於河東한신격로표어하동

집해 서광이 말했다. "(고조) 2년 9월이다."

徐廣曰 二年九月也

③ 以豹國爲郡이표국위군

집해 〈고조본기〉에서 말한다. "세 개의 군을 설치했는데 하동, 태원, 상당이다."

高祖本紀曰 置三郡 河東太原上黨

④ 周苛遂殺魏豹주가수살위표

신주 주가는 유방의 신하이다. 〈진초지제월표〉에 따르면, 고조 3년 7월에 유방은 초나라에 포위된 형양에서 탈출했으며 8월에 주가는 위표를 죽인다. 위표가 또다시 배신할까 봐 죽인 것이다.

양왕 팽월

팽월은 창읍昌邑[①] 사람으로 자가 중仲이다. 항상 거야택鉅野澤에서 고기 잡는 일을 하면서 도적 무리가 되기도 했다. 진승陳勝과 항량項梁이 봉기하자 어떤 젊은이가 팽월에게 일러 말했다.

"여러 호걸이 서로 서서 진나라를 배반하는데 중仲께서도 와서 또한 그들을 본받을 만하오."

팽월이 말했다.

"두 용이 마침 싸우니 기다리겠소."

한 해 남짓 되어 거야택 사이에서 젊은이들 100여 명이 서로 모여 팽월에게 가서 따르겠다고 하면서 말했다.

"청컨대 중仲께서 우두머리가 되어 주시오."

팽월이 사양하면서 말했다.

"나는 여러분들과 함께하기를 원하지 않소."

젊은이들이 억지로 청하자 곧 허락했다. 다음 날 해가 뜰 때[②] 회합하기로 기약하고 기약에 뒤처지는 자는 참수하기로 약속했다. 다음 날 아침 해가 솟아올랐는데, 10여 명은 뒤처졌고 더 뒤처진 자는 한낮에 이르렀다. 이에 팽월이 단호하게 말했다.

“내가 나이가 많아서 여러분이 억지로 우두머리로 삼았소. 지금 기약했지만 많은 사람이 뒤처졌는데, 다 죽일 수는 없으니 가장 뒤처진 한 사람만 죽이겠소.”

교장校長을 시켜서 목을 치라고 했다. 모두 웃으면서 말했다.

“어찌하여 이 지경에 이르렀는가. 뒤처지지 않기를 감히 청합니다.”

이에 팽월이 한 사람을 끌어내어 참수하고는 제단을 설치하여 제사를 지내고, 무리들에게 명령했다. 무리들은 모두 크게 놀라고 팽월을 두려워하여 감히 우러러보지 못했다. 이에 길을 가며 땅을 빼앗고 제후들의 흩어진 군졸들을 수습하여 1,000여 명을 얻었다.

彭越者 昌邑①人也 字仲 常漁鉅野澤中 爲群盜 陳勝項梁之起 少年或謂越曰 諸豪桀相立畔秦 仲可以來 亦效之 彭越曰 兩龍方鬬 且待之 居歲餘 澤間少年相聚百餘人 往從彭越 曰 請仲爲長 越謝曰 臣不願與諸君 少年彊請 乃許 與期旦日②日出會 後期者斬 旦日日出 十餘人後 後者至日中 於是越謝曰 臣老 諸君彊以爲長 今期而多後 不可盡誅 誅最後者一人 令校長斬之 皆笑曰 何至是 請後不敢 於是越乃引一人斬之 設壇祭 乃令徒屬 徒屬皆大驚 畏越 莫敢仰視 乃行略地 收諸侯散卒 得千餘人

① 昌邑창읍

정의 한무제가 산양군을 고쳐 창읍국으로 삼았는데 양구향梁丘鄕이 있다. 양구梁丘 옛 성은 조주曹州 성무현 동북쪽 33리에 있다.

漢武更山陽爲昌邑國 有梁丘鄕 梁兵故城在曹州城武縣東北三十三里

② 旦日단일

색은 단일은 다음날 아침 해가 뜨는 때를 이른다.

旦日謂明日之朝日出時也

패공沛公(한고조 유방)은 탕碭[1]에서 북쪽으로 가서 창읍을 공격했는데 팽월이 도왔다. 창읍이 함락되지 않자 패공은 군사를 이끌고 서쪽으로 갔다. 팽월은 또한 그 무리들을 거느리고 거야택 안에 살면서 위魏나라의 흩어진 군졸들을 수습했다. 항적(항우)이 함곡관으로 들어가자, 왕과 제후들은 귀속할 곳으로 돌아갔는데 팽월은 군사가 1만여 명이나 되면서도 속할 곳이 없었다.

한왕 원년 가을, 제왕 전영田榮이 항왕을 배반하자, 이에 사람을 보내 팽월에게 장군의 인수를 주어[2] 제음濟陰으로 내려가서 초나라를 공격하도록 했다. 초나라는 소공蕭公 각角[3]에게 명하여 군사를 이끌고 팽월을 공격하도록 했는데, 팽월이 초나라 군사를 크게 쳐부수었다.

한왕 2년 봄, 위왕 위표와 제후들이 동쪽 초나라를 공격하자, 팽월은 그 군사 3만여 명을 거느리고 외황外黃에서 한나라에 귀속했다. 한왕이 말했다.

"팽월 장군은 위나라 땅을 수습해 10여 개의 성을 얻고 급하게 위나라 후예를 세우고자 한다. 지금 서위왕西魏王 위표는 또한 위왕 위구의 종제從弟이며 진정 위나라 후예이다."

이에 팽월을 위나라 상국으로 삼아 그 군사를 마음대로[4] 거느리고 양梁 땅을 빼앗고 평정하게 했다.[5]

沛公之從碭[①]北擊昌邑 彭越助之 昌邑未下 沛公引兵西 彭越亦將其衆居鉅野中 收魏散卒 項籍入關 王諸侯 還歸 彭越衆萬餘人毋所屬 漢元年秋 齊王田榮畔項王 (漢)乃使人賜彭越將軍印[②] 使下濟陰以擊楚 楚命蕭公角[③]將兵擊越 越大破楚軍 漢王二年春 與魏王豹及諸侯東擊楚 彭越將其兵三萬餘人歸漢於外黃 漢王曰 彭將軍收魏地得十餘城 欲急立魏後 今西魏王豹亦魏王咎從弟也 眞魏後 乃拜彭越爲魏相國 擅[④]將其兵 略定梁地[⑤]

① 碭탕

정의 碭의 발음은 '당[徒郞反]'이다. 송주 탕산현이다.

碭音徒郞反 宋州碭山縣

② (漢) 乃使人賜彭越將軍印(한)내사인사팽월장군인

신주 《사기지의》에서 말한다. "전영田榮은 팽월을 시켜 초나라에 반기를 들게 했으니, 인수는 전영이 준 것으로 〈항우본기〉와 〈고조본기〉에서 이를 근거로 삼을 수 있다. 여기 '한漢' 자는 잘못된 것이며 유씨는 《간오刊誤》에서 '「한漢」 자가 있는 것은 불합리하다.'라고 했다." 그래서 중화서국본에서는 '한漢' 자를 제거했다.

③ 蕭公角소공각

정의 소현령이다. 초나라에서는 현령을 공公이라고 일컬었다. 각角은 이름이다.

蕭縣令 楚縣令稱公 角名

④ 擅천

색은 천擅은 마음대로와 같다.

擅猶專也

⑤ 略定梁地약정양지

신주 여기 양梁은 전국시대 위나라 동부 땅을 가리킨다.

한왕漢王이 팽성에서 무너져 군사가 해체되어 서쪽으로 가자, 팽월은 다시 그가 함락했던 성을 모두 잃고 홀로 그 군사를 인솔하여 북쪽 하수 언저리[①]에서 머물렀다.
한왕 3년, 팽월은 항상 오가면서 한나라 유격병이 되어 초나라를 공격하고 양梁 땅에서 그들 후방의 식량 보급로를 차단했다.
한왕 4년 겨울, 항왕이 한왕과 서로 형양에서 대치했는데 팽월은 수양睢陽과 외황外黃[②]의 17개 성을 공격해 함락시켰다. 항왕이 듣고 조구曹咎를 시켜 성고成皐[③]를 수비하게 하고 스스로 동쪽에서 팽월이 함락한 성과 읍을 차지하여 모두 다시 초나라 땅이 되었다.[④] 팽월은 그 군사를 거느리고 북쪽 곡성穀城[⑤]으로 달아났다.
한왕 5년 가을,[⑥] 항왕이 남쪽 양하陽夏[⑦]로 달려가자 팽월은 다시 창읍昌邑 부근 20여 개성을 함락하고 곡식 10여만 곡斛을 얻어 한왕의 식량으로 공급했다.
漢王之敗彭城解而西也 彭越皆復亡其所下城 獨將其兵北居河上[①] 漢王三年 彭越常往來爲漢游兵 擊楚 絕其後糧於梁地 漢四年冬 項王與

漢王相距滎陽 彭越攻下睢陽外黃[②]十七城 項王聞之 乃使曹咎守成皐[③] 自東收彭越所下城邑 皆復爲楚[④] 越將其兵北走穀城[⑤] 漢五年秋[⑥] 項王之南走陽夏[⑦] 彭越復下昌邑旁二十餘城 得穀十餘萬斛 以給漢王食

① 河上하상

정의 활주 하수 언저리이다.

滑州河上

② 睢陽外黃수양외황

정의 수양은 송주宋州 송성이다. 외황은 변주汴州 옹구현 동쪽에 있다.

睢陽 宋州宋城也 外黃在汴州雍丘縣東

신주 수양은 춘추전국시대 송나라 수도이다. 그래서 당나라에서 송주라고 했다. 지금은 상구商丘인데, 송나라가 상商나라 후예이므로 그런 이름이 되었다. 이 상구에 기자의 무덤이 있다. 기자가 지금의 북한 평양으로 왔다는 기자동래설이 허구라는 뜻이다.

③ 成皐성고

정의 하남부의 범수氾水가 이곳이다.

河南府氾水是

④ 爲楚위초

정의 爲의 발음은 '위[于僞反]'이다.

爲 于僞反

⑤ 穀城곡성

정의 제주齊州 동아현 동쪽 26리에 있는 것이 이곳이다.

在齊州東阿縣東二十六里是

⑥ 五年秋오년추

신주 이때의 책력으로 정월은 10월이니, 연초는 겨울이고 연말은 가을이 된다. 항우가 죽은 것은 5년 겨울 12월이니, 여기서 '추秋'(가을)이라 한 것은 잘못이다. 당연히 '동冬'(겨울)이라 해야 한다.

⑦ 陽夏양하

정의 夏의 발음은 '가[古雅反]'이다. 진주陳州 태강현이다.

夏 古雅反 陳州太康縣也

신주 진陳나라 북쪽의 현이다. 유방이 홍구鴻溝를 경계로 나눈다는 약속을 깨고 군사를 돌려 초나라로 진격하자, 항우는 군사를 돌려 유방을 막기 위해 양하로 달려갔다. 결국 팽월과 한신의 군대를 합친 유방에게 해하성까지 몰리게 된다.

> 한왕이 패하자,① 사신을 시켜 팽월을 불러서 힘을 합쳐 초나라를 공격하려고 했다. 팽월이 말했다.
> "위나라 땅이 비로소 안정되었고 아직 초나라가 두려우니 떠날 수 없습니다."
> 한왕이 초나라를 추격했으나 항적에게 고릉固陵②에서 패하였다.

이에 유후留侯(장량)에게 말했다.

"제후의 군사들이 따르지 않으니 어떻게 해야 하오?"

유후가 말했다.

"제왕齊王 한신이 왕이 된 것은 군왕君王(유방)의 뜻이 아니었으니 한신도 스스로 견고하지는 못할 것입니다. 팽월은 본래 양梁 땅을 안정시키고 공로가 많았는데 처음 군왕께서는 위표 때문에 팽월을 위나라 상국으로 제수하였습니다. 지금 위표는 죽고 후사가 없으며 팽월도 왕이 되고 싶어 하는데 군왕께서 일찍 결정을 내리지 않았습니다.

이 두 나라와 더불어 약속하면 곧 초나라에 승리할 것이므로, 수양 북쪽에서 곡성穀城에 이르기까지③ 모두 팽상국을 왕으로 삼고, 진陳에서 동쪽으로 바다에 이르기까지④ 제왕 한신에게 주십시오. 제왕 한신의 집안이 초나라에 있으니, 이렇게 하면 그가 마음속으로 다시 옛 읍을 얻고자 할 것입니다. 군왕께서 이 땅을 내놓고 두 사람에게 허락한다면 두 사람은 지금 이를 수 있지만, 그렇게 할 수 없으면 사태는 알 수 없을 것입니다."

漢王敗① 使使召彭越并力擊楚 越曰 魏地初定 尙畏楚 未可去 漢王追楚 爲項籍所敗固陵② 乃謂留侯曰 諸侯兵不從 爲之柰何 留侯曰 齊王信之立 非君王之意 信亦不自堅 彭越本定梁地 功多 始君王以魏豹故拜彭越爲魏相國 今豹死毋後 且越亦欲王 而君王不蚤定 與此兩國約 卽勝楚 睢陽以北至穀城③ 皆以王彭相國 從陳以東傅海④ 與齊王信 齊王信家在楚 此其意欲復得故邑 君王能出捐此地許二人 二人今可致 卽不能 事未可知也

① 漢王敗한왕패

신주 《사기지의》에서 말한다. "유반이 말하기를 '이때 한왕은 패하지 않았으니, 아마 패敗를 수數(여러 번)이라고 해야 맞을 것이다.'라고 했다."

② 固陵고릉

정의 고릉은 지명이다. 진주陳州 완구현 서북쪽 32리에 있다.

固陵 地名 在陳州宛丘縣西北三十二里

③ 睢陽以北至穀城수양이북지곡성

정의 송주 이북으로부터 운주鄆州의 서쪽에 이르는데, 조주, 복주, 변주, 활주를 아울러 팽월에게 주었다.

從宋州已北至鄆州以西 曹濮汴滑竝與彭越

④ 從陳以東傅海종진이동부해

집해 傅의 발음은 '부附'이다.

傅音附

색은 傅의 발음은 '부附'이다.

傅音附

정의 진주陳州와 영주潁州의 북쪽으로부터 동쪽으로 박주, 사주, 서주, 회북의 땅까지 동쪽으로 바다에 이르고, 회남과 회음淮陰의 읍을 합쳐 다 한신에게 주었다. 한신은 또 먼저 옛 제나라 옛 땅을 소유했었다.

從陳潁州北以東 亳泗徐淮北之地 東至海 并淮南淮陰之邑 盡與韓信 韓信又先有故齊舊地

이에 한왕은 사신을 팽월에게 보내 유후의 계책처럼 했다. 사자가 이르자 팽월은 곧 군사들을 모두 이끌고 해하垓下①에 모여서 마침내 초나라를 쳐부수었다.

항적이 죽고 나서, 봄에 팽월을 세워서 양왕梁王으로 삼고, 정도定陶②에 도읍하게 했다. 6년에는 진陳에서 조회했다. 9년과 10년에는 모두 장안으로 와서 조회했다.

10년 가을, 진희陳豨가 대代 땅에서 배반하자 고제는 직접 가서 공격하고 한단에 이르러 양왕에게 군대를 징발하게 했다. 양왕은 병을 핑계 대고 장수를 시켜 군사를 이끌고 한단으로 나아가게 했다. 고제는 노하여 사람을 시켜 양왕을 꾸짖었다. 양왕은 두려워서 직접 가서 사죄하고자 했다. 그의 장수 호첩扈輒이 말했다.

"왕께서 처음에 가지 않았다가 꾸짖음을 당하고 가시는데, 간다면 사로잡힐 것입니다. 마침내 군사를 동원해 반역하는 것만 같지 못할 것입니다."

양왕은 듣지 않고 병을 핑계 댔다. 양왕은 그 태복때문에 화난 일이 있어 참수하고자 했다. 태복은 도망쳐 한나라로 달아나 양왕과 호첩이 모반했다고 알렸다.

於是漢王乃發使使彭越 如留侯策 使者至 彭越乃悉引兵會垓下① 遂破楚 (五年)項籍已死 春 立彭越爲梁王 都定陶② 六年 朝陳 九年 十年 皆來朝長安 十年秋 陳豨反代地 高帝自往擊 至邯鄲 徵兵梁王 梁王稱病 使將將兵詣邯鄲 高帝怒 使人讓梁王 梁王恐 欲自往謝 其將扈輒曰 王始不往 見讓而往 往則爲禽矣 不如遂發兵反 梁王不聽 稱病 梁王怒其太僕 欲斬之 太僕亡走漢 告梁王與扈輒謀反

① 垓下해하

정의 박주에 있다.

在亳州也

② 定陶정도

정의 조주이다.

曹州

이에 주상은 사신을 시켜 양왕을 엄습하게 했는데 양왕은 깨닫지 못했다. 양왕을 체포해서 가두어 낙양雒陽으로 갔다. 담당 관리가 치죄하고 반역의 형태가 몸에 갖추어졌으므로[①] 법대로 판결할 것을 주청했다. 주상은 사면하여 서인으로 삼아 촉蜀의 청의靑衣[②]로 옮겨 거처하게 했다.

서쪽 정鄭[③]에 이르렀을 때, 여후呂后가 장안에서 와서 낙양으로 가려다가 길에서 팽왕을 만나 마주쳤다. 팽왕은 여후를 보고 눈물을 흘리면서 스스로 죄가 없다고 말하고 연고지 창읍에 거처하기를 원했다. 여후는 허락하는 체하고 함께 동쪽 낙양에 이르렀다. 여후는 고조에게 아뢰었다.

"팽왕은 장사인데 지금 촉으로 옮긴다면 이는 스스로 근심과 걱정을 남기는 것[④]이니 끝내 죽이는 것만 못할 것입니다. 첩이 삼가 함께 왔습니다."

이에 여후는 그 사인舍人을 시켜 팽월이 다시 모반했다고 고하게 했다. 정위 왕염개王恬開는 멸족시킬 것을 주청했다.⑤ 주상이 이에 재가하여 마침내 팽월의 종족들을 죽였으며, 나라는 없어졌다.

於是上使使掩梁王 梁王不覺 捕梁王 囚之雒陽 有司治反形己具① 請論如法 上赦以爲庶人 傳處蜀青衣② 西至鄭③ 逢呂后從長安來 欲之雒陽 道見彭王 彭王爲呂后泣涕 自言無罪 願處故昌邑 呂后許諾 與俱東至雒陽 呂后白上曰 彭王壯士 今徙之蜀 此自遺患④ 不如遂誅之 妾謹與俱來 於是呂后乃令其舍人告彭越復謀反 廷尉王恬開奏請族之⑤ 上乃可 遂夷越宗族 國除

① 治反形己具치반형기구

집해 장안이 말했다. "호첩이 팽월에게 반역할 것을 권했으나 듣지 않았는데, 이에 이르기를 '반역의 형태가 이미 갖추어졌다.'라고 한 것은 담당관리가 잘못한 것이다." 신찬이 말했다. "호첩이 팽월에게 반역을 권했는데 팽월이 호첩을 처단하지 않았으니, 이것은 반역의 형태가 이미 갖추어진 것이다."

張晏曰 扈輒勸越反 不聽 而云 反形已見 有司非也 瓚曰 扈輒勸越反 而越不誅輒 是反形已具

신주 본문에는 '反形己具'(반역의 형태가 몸에 갖추어졌다)라고 되어 있으나 위에 집해 주석은 '反形已見'(반역의 형태가 이미 갖추어졌다)라고 '기己' 자가 '이已' 자로 되어 있다.

② 青衣청의

집해 문영이 말했다. "청의는 현 이름이고 촉에 있다." 신찬이 말했다.

"지금의 한가漢嘉가 이곳이다."

文穎曰 靑衣 縣名 在蜀 瓚曰 今漢嘉是也

색은 소림이 말했다. "현 이름이다. 지금의 임공臨邛이다." 신찬이 말했다. "지금의 한가가 이곳이다."

蘇林曰 縣名 今爲臨邛 瓚曰 今漢嘉是也

③ 鄭정

색은 〈지리지〉에서 정鄭은 경조윤에 속한다.

地理志鄭屬京兆

정의 화주華州이다.

華州

④ 遺患유환

정의 遺의 발음은 '예[唯季反]'이다.

上唯季反

⑤ 廷尉王恬開奏請族之정위왕염개주청족지

신주 《사기지의》에서 말한다. "살펴보니 팽월이 주살된 것은 고제 11년이다. 그런데 《한서》 〈공경표〉에 10년에 정위는 선의宣義이고 11년에는 육育이었으니, 곧 왕염개는 아니었다. 이때 왕염개는 아마 낭중령郞中令이었을 것이다."

태사공이 말한다.

위표와 팽월은 비록 본래 비천했지만 이미 1,000리의 땅을 석권하고[①] 남면하여 고孤를 칭하였으며, 피를 밟고[②] 승세를 타니 날마다 소문이 났다. 반역의 뜻을 품고 실패하여 죽지도 못하고 사로잡힌 죄수가 되어, 몸은 형을 당하고 죽었으니 어째서인가? 중간 이상의 재주를 가진 사람이라도 그 행동을 부끄러워했을 것인데, 하물며 왕이 된 사람에 있어서랴.

저들에게 남다른 까닭은 없었고 지략은 남보다 뛰어나지만 다만 자신의 몸이 없어질 것을 걱정했을 뿐이다. 한 자 한 치의 권력을 잡아 얻으려고, 참으로 구름에서 용이 올라 변하듯이 하고자 하는 바가 있어 그 기회를 만났기 때문에 깊은 곳에 갇히는 것도 사양하지 않았다고 이를 것이다.

太史公曰 魏豹彭越雖故賤 然已席卷千里[①] 南面稱孤 喋血[②]乘勝日有聞矣 懷畔逆之意 及敗 不死而虜囚 身被刑戮 何哉 中材已上且羞其行 況王者乎 彼無異故 智略絕人 獨患無身耳 得攝尺寸之柄 其雲蒸龍變 欲有所會其度 以故幽囚而不辭云

① 席卷千里석권천리

정의 위나라 땅의 너비는 1,000리로 마치 말아놓은 자리를 편 것과 같다는 말이다.

言魏地闊千里 如席卷舒

② 喋血첩혈

집해 서광이 말했다. "첩喋은 다른 판본에는 '첩啑'으로 되어 있다. 《한전》에는 또한 '첩혈喋血'이란 말이 있다."

徐廣曰 喋 一作啑 韓傳亦有喋血語也

색은 喋의 발음은 '첩牒'이다. 첩喋은 천踐(밟는 것)과 같다. 적을 죽이고 피를 밟으면서 길을 가는 것이니, 〈효문본기〉에서 "피를 밟으며 경사로 갔다."라고 한 것이 이것이다.

音牒 喋猶踐也 殺敵踐血而行 孝文紀 喋血京師 是也

색은술찬 사마정이 펼쳐서 밝히다.

위구 형제는 시대에 따라 왕이 되었다. 위표는 나중에 초나라에 속했고 그 나라는 마침내 망했다. 중仲(팽월)은 창읍에서 일어나고 외황에서 한나라에 귀의했다. 왕래하여 성원하고 거듭 군량을 대주었다. 군사를 징발했는데 가지 않아서 소금에 절여졌으니 그 상심을 어찌하겠는가!

魏咎兄弟 因時而王 豹後屬楚 其國遂亡 仲起昌邑 歸漢外黃 往來聲援 再續軍糧 徵兵不往 菹醢何傷

사기 제91권 史記卷九十一

경포열전 黥布列傳

사기 제91권 경포열전 제31

史記卷九十一 黥布列傳第三十一

신주 경포黥布의 본명은 영포英布이나 어려서 죄를 지어 경형黥刑을 당해 경포로 불린다. 고요咎繇의 후손으로 동이족이며, 지금의 안휘성 육안시六安市 육현六縣 사람이다. 여산驪山에서 형벌을 살다가 도망해 무리를 모았는데, 진승, 오광이 거의擧義하자 수천 명을 이끌고 파군番君 오예吳芮에게 귀의한다. 항량項梁이 회수淮水를 건널 때 병사를 귀속하게 해서 당양군當陽君에 봉해진다. 항량이 죽자 항우項羽에게 귀속하는데 경포는 전투 때마다 적은 병력으로 많은 적군을 물리쳐 명성을 떨친다. 항우를 따라 입관入關한 뒤 구강왕九江王에 봉해진다. 항우의 명령에 따라 형산왕衡山王 오예吳芮와 함께 의제義帝를 죽이고 나서 항우와 유방이 다툰 초한楚漢 전쟁을 치를 때, 병을 칭탁하고 항우를 돕지 않다가 유방이 수하隨何를 보내 설득하자 한나라에 귀순한다.

이로써 회남왕淮南王에 봉해지고, 이듬해 유방을 따라 해하垓下 전투에서 항우를 격파하고 초나라를 멸망시킨다. 총희寵姬가 비혁과 바람난 것으로 의심해 제거하려고 하자, 이에 비혁이 유방에게 영포를 상변上變하였는데, 유방이 이미 한신韓信과 팽월彭越 등의 개국 공신들을 죽인 후라서 자신도 죽이지 않을까 두려워 군사를 일으킨다. 한고조 유방은 직접 군사를 일으켜 경포 토벌에 나섰고, 경포는 패전해서 강남江南으로 달아났다가 결국 파양番陽 사람들에게 죽임을 당함으로써 삶을 마친다.

이렇듯 경포의 흥망사는 진승의 반란 때부터 시작하여 유방이 그를 토벌한 때까지이다. 그가 전쟁터에서의 곡절曲折 속에 적은 병력으로 발군拔群의 실력을 발휘했음에도 비참한 죽음을 맞이한 것은 시대적 상황에서 당할 수밖에 없는 그의 운명이었을 것이다.

제一장

묵형을 당해 왕이 된 경포

경포는 육현六縣[①] 사람으로, 성은 영씨英氏[②]이다. 진秦나라 때는 평민이었다. 어렸을 때 어떤 나그네가 (경포의) 관상을 보고 말했다.
"형벌을 받고 나면 왕이 될 것이오."
장성하자 법에 저촉되어 경형黥刑[③]을 받았다. 이에 경포는 씩 웃으며 말했다.
"누가 내 관상을 보고 형벌을 받으면 왕이 된다고 했는데 거의[④] 그렇구먼."
듣던 자가 있었는데 함께 놀리면서 익살스럽게 웃었다.[⑤] 경포는 판결을 받고 여산麗山[⑥]으로 보내졌는데 여산의 죄수 무리는 수십만 명이었다. 경포는 그 무리들의 우두머리, 호걸들과 전부 교제를 맺었다. 이에 그 죄수들[⑦]을 이끌고 도망쳐 강수江水 주변[⑧]에서 도적 떼가 되었다.
黥布者 六[①]人也 姓英氏[②] 秦時爲布衣 少年 有客相之曰 當刑而王 及壯 坐法黥[③] 布欣然笑曰 人相我當刑而王 幾[④]是乎 人有聞者 共俳笑之[⑤] 布已論輸麗山[⑥] 麗山之徒數十萬人 布皆與其徒長豪桀交通 迺率其曹偶[⑦] 亡之江中[⑧]爲群盜

① 六육

색은 〈지리지〉에는 여강군에 육현이 있다. 소림이 말했다. "지금은 육안현이 되었다."

地理志廬江有六縣 蘇林曰 今爲六安也

② 英氏영씨

색은 살펴보니 포布의 본래 성씨는 영英이다. 영英은 국가 이름이다. 고요咎繇의 후손이다. 경포가 소년 때 상을 보는 자가 있어 "형벌을 당하면 왕이 된다."라고 했다. 그러므로 《한잡사》에서 "영포가 성을 경黥으로 고쳐 뜻에 알맞게 했다."라고 했다.

按 布本姓英 英 國名也 咎繇之後 布以少時有人相云 當刑而王 故漢雜事云 布改姓黥 以厭當之也

정의 옛 육성은 수주 안풍현 서남쪽 133리에 있다. 살펴보니 경포가 회남왕에 봉해지고 육六에 도읍한 것이 곧 이 성이다. 또 《춘추전》에는 육六과 육蓼은 고요의 후손인데 혹은 영英과 육六에 봉해졌으며 아마 영英은 뒤에 고쳐서 육蓼이라 했을 것이다.

故六城在壽州安豐縣西南百三十三里 按 黥布封淮南王 都六 卽此城 又春秋傳 六與蓼 咎繇之後 或封於英六 蓋英後改爲蓼也

신주 고요咎繇는 고요皐陶라고도 한다. 그 출생지에 대해서는 두 가지 설이 있다. 하나는 소호少昊 김천씨의 터전으로 지금의 산동성 곡부曲阜이다. 다른 설은 산서성 홍동현洪洞縣 고요촌皐陶村이다. 공자의 고향이기도 한 곡부 출신이면 동이족인 것이 분명하다. 고요는 고안국古安國의 시조로서 서국徐國의 시조이기도 하다. 서국은 동이족 국가이니 고요는 동이족이다. 고요의 후대가 료국蓼國에 봉해졌다고 하니 료국도 고요의 후예이다. 고요는 또 이씨李氏의 시조가 된다. 그래서 당 현종은 천보天寶 2년(743) 고요를 '덕명황제德明皇帝'로 추존했는데, 이가 곧 '대당大唐덕명황제'로 '당덕명제唐德明帝'라고 줄여서 부른다.

③ 黥刑경형

신주 중국에서 행하던 오형五刑 가운데 하나다. 죄인의 이마나 팔뚝에 먹줄로 죄명을 써넣던 형벌이다.

④ 幾기

집해 서광이 말했다. "기幾는 다른 판본에는 '기豈'로 되어 있다." 배인은 '기幾'는 가까움이라고 하였다.

徐廣曰 幾 一作豈 駰謂幾 近也

색은 배인이 말했다. "신찬은 '기機'로 발음했고, 기幾는 가깝다는 뜻이다." 《초한춘추》에서는 "아마 그렇게 되겠군."이라고 했으므로, 서광이 다른 판본에는 '기豈'로 되어 있다고 했다. 유씨는 기祈로 되어 있다고 했는데, 기祈는 어사語辭로 역시 뜻이 통한다.

裴駰曰 臣瓚音機 幾 近也 楚漢春秋作 豈是乎 故徐廣云一作 豈 劉氏作 祈 祈者語辭也 亦通

⑤ 共俳笑之공배소지

색은 여럿이 함께 광대 같다고 웃은 것을 말한다.

謂衆共以俳優輩笑之

⑥ 麗山여산

정의 경포는 판결을 마치고 경黥의 형벌을 받은 뒤 여산에서 (진시황)릉陵을 만들었다는 말이다. 당시 회계군에서 형을 당한 무리를 보냈다.
言布論決受黥竟 麗山作陵也 時會稽郡輸身徒

⑦ 曹偶조우

색은 조曹는 무리이다. 우偶는 무리이다. 무리의 부류를 이른다.
曹 輩也 偶 類也 謂徒輩之類

⑧ 江中강중

신주 지금의 양자강 중류와 하류 유역이다.

진승이 군사를 일으켰을 때, 경포는 곧 파군番君[①]을 만나 그의 무리들과 함께 진나라를 배반하고 군사 수천 명을 모았다. 파군은 자신의 딸을 아내로 삼게 해주었다.
장함이 진승을 멸하고 여신呂臣의 군사를 쳐부수자 경포는 곧 군사를 이끌고 북쪽으로 진나라 좌우교위左右校尉를 공격해 청파淸波에서 쳐부순 뒤 군사를 이끌고 동쪽으로 갔다. 항량項梁이 강동江東의 회계[②]를 평정했다는 소식을 듣고 강수를 건너 서쪽으로 갔다.
진영陳嬰은 항씨들이 대대로 초나라 장군이 되었다는 것을 알고 이에 군사를 항량에게 귀속시키려고 회남淮南을 건넜고 영포英布와 포장군蒲將軍도 군사를 이끌고 항량에게 귀의했다.

陳勝之起也 布迺見番君[①] 與其衆叛秦 聚兵數千人 番君以其女妻之 章邯之滅陳勝 破呂臣軍 布乃引兵北擊秦左右校 破之淸波 引兵而東 聞項梁定江東會稽[②] 涉江而西 陳嬰以項氏世爲楚將 迺以兵屬項梁 渡淮南 英布蒲將軍亦以兵屬項梁

① 番君파군

신주 파군은 오예吳芮(서기전 241~서기전 201)를 뜻한다. 오예는 춘추 때 오왕 부차夫差의 후예로서 진한秦漢 교체기 때 남부 연해에 거주하던 백월百越의 우두머리이다. 진시황이 통일 후 전국에 군현제를 실시하면서 오예를 파현番縣의 현령으로 보내서 파군으로 불린다. 항우가 제후들을 분봉할 때 형산왕衡山王이 되었다가 한 고조 유방에 의해 장사왕長沙王이 되었다. 한고조 4년(서기전 201)에 세상을 떠났는데 시호는 문왕文王이다.

② 會稽회계

정의 이때 회계군 치소는 오나라 합려성 안에 있었다.
時會稽郡所理在吳闔閭城中

항량이 회수淮水를 건너 서쪽으로 가서 경구景駒와 진가秦嘉 등을 공격했는데 경포의 공로가 항상 군에서 으뜸이었다. 항량은 설薛 땅[①]에 이르러 진왕陳王이 확실히 죽었다는 소식을 듣고 이에 초나라 회왕懷王을 세웠다.

항량은 무신군武信君이라고 불렸고, 영포를 당양군當陽君[②]이라고 했다. 항량이 정도定陶에서 패하여 죽자 회왕은 도읍을 팽성彭城으로 옮겼으며 장수들과 영포 또한 팽성을 보호하려고 모였다.
項梁涉淮而西 擊景駒秦嘉等 布常冠軍 項梁至薛[①] 聞陳王定死 迺立楚懷王 項梁號爲武信君 英布爲當陽君[②] 項梁敗死定陶 懷王徙都彭城 諸將英布亦皆保聚彭城

① 薛설

정의 설의 옛 성은 서주 등현 영역에 있다.

薛古城在徐州滕縣界也

② 當陽당양

정의 남군 당양현이다.

南郡當陽縣也

이때 진나라에서 급하게 조趙나라를 포위하자 조나라는 수차 사람을 보내 구원을 요청했다. 회왕은 송의宋義를 상장上將으로, 범증范曾을 말장末將으로, 항적項籍을 차장次將으로, 영포와 포장군을 모두 장수로 삼아 다 송의에게 소속시켜 북쪽으로 가서 조나라를 구원하도록 했다. 항적이 송의를 하수 가에서 살해하자 회왕은 항적을 상장군으로 세우고 여러 장수가 모두 항적에게 소속되었다.

항적은 영포에게 먼저 하수를 건너 진나라를 공격하게 하자 영포는 여러 차례 승리가 있었다. 항적은 이에 군사를 이끌고 하수를 건너서 영포를 따라 마침내 진나라 군사를 쳐부수었으며, 장함 등은 항복했다. 초나라 군사가 항상 승리하자 공로가 제후에서 으뜸이었다. 제후의 군사들이 모두 초나라에 복속된 것은 영포가 수차 적은 군사로 많은 적을 무너뜨렸기 때문이다.

항적은 군사를 이끌고 서쪽으로 가서 신안新安①에 이르렀으며, 또 경포 등을 시켜서 밤에 습격해 장함의 진나라 군졸 20여만 명을 구덩이에 묻어 죽이게 했다. 함곡관에 이르렀으나 들어가지 못하자 또 경포 등을 시켜서 먼저 샛길②을 따라 들어가게 해서 함곡관 아래의 군사들을 쳐부수고 마침내 들어가 함양에 이르렀다.

영포는 항상 군대의 정예부대③가 되었다. 항왕은 여러 장수를 봉하면서, 영포를 세워 구강왕九江王으로 삼고 육 땅에 도읍하도록 했다.

當是時 秦急圍趙 趙數使人請救 懷王使宋義爲上將 范曾爲末將 項籍爲次將 英布蒲將軍皆爲將軍 悉屬宋義 北救趙 及項籍殺宋義於河上 懷王因立籍爲上將軍 諸將皆屬項籍 項籍使布先渡河擊秦 布數有利 籍迺悉引兵涉河從之 遂破秦軍 降章邯等 楚兵常勝 功冠諸侯 諸侯兵皆以服屬楚者 以布數以少敗衆也 項籍之引兵西至新安① 又使布等夜擊阬章邯秦卒二十餘萬人 至關 不得入 又使布等先從間道②破關下軍 遂得入 至咸陽 布常爲軍鋒③ 項王封諸將 立布爲九江王 都六

① 新安신안

정의 신안 옛 성은 하남부 민지현 동쪽 22리에 있다.

新安故城在河南府澠池縣東二十二里

② 間道간도

색은 추씨가 말했다. "간閒은 한가함과 같고 사私를 이른다." 지금 間의 발음은 '간[紀莧反]'이다. 간도間道는 곧 다른 길이며 오히려 반간反間의 뜻과 같다.

鄒氏云 閒猶閑也 謂私也 今以間音紀莧反 間道卽他道 猶若反間之義

③ 軍鋒군봉

색은 살펴보니 《한서》에는 "초군전부楚軍前簿"로 되어 있다. 부簿는 군주가 거둥할 때의 행렬[鹵簿]이다.

案 漢書作楚軍前簿 簿者鹵簿

한왕 원년(서기전 206) 4월, 제후들은 모두 희수戲水 아래에서 군대를 해산시키고 각자 (봉해진) 나라로 나아갔다. 항씨項氏는 회왕을 세워 의제義帝로 삼고 도읍을 장사長沙로 옮기게 한 뒤 몰래 구강왕 경포 등에게 가서 치라고 명령했다. 그해 8월에 영포는 장수를 시켜 의제를 공격하고 추격해서 침현郴縣[①]에서 살해하게 했다.

한왕 2년, 제왕齊王 전영田榮이 초나라를 배반하자 항왕은 제나라를 공격하러 가면서 구강에서 군사를 징발했는데, 구강왕 영포는 병을 핑계 대고 가지 않고 장수만 보내면서 수천 명을 인솔해서 가게 했다.

한나라에서 초나라 팽성을 무너뜨렸을 때도 영포는 또 병을 핑계 대고 초나라를 돕지 않았다. 항왕은 이 때문에 영포를 원망하여 자주 사신을 보내 꾸짖고② 영포를 불렀는데, 영포는 더욱 두려워하여 감히 가지 못했다.

항왕은 바야흐로 북쪽 제나라와 조나라를 걱정했고, 서쪽 한나라를 걱정하였는데, 함께할 자가 오직 구강왕뿐이었다. 또 구강왕 영포는 재능이 많아 친히 등용하고자 했으며, 이 때문에 영포를 공격하지 않았다.

漢元年四月 諸侯皆罷戲下 各就國 項氏立懷王爲義帝 徙都長沙 迺陰令九江王布等行擊之 其八月 布使將擊義帝 追殺之郴縣① 漢二年 齊王田榮畔楚 項王往擊齊 徵兵九江 九江王布稱病不往 遣將將數千人行 漢之敗楚彭城 布又稱病不佐楚 項王由此怨布 數使使者誚讓②召布 布愈恐 不敢往 項王方北憂齊趙 西患漢 所與者獨九江王 又多布材 欲親用之 以故未擊

① 郴縣침현

정의 郴의 발음은 '침[丑林反]'이다. 지금 침주에는 의제 무덤과 사당이 있다.

郴 丑林反 今郴州有義帝冢及祠

신주 의제가 시해된 시기는 각 기록마다 모두 달라서 어느 것이 맞는지 결코 확정할 수 없다. 다만 《사기지의》의 저자 양옥승은 〈항우본기〉와

〈고조본기〉에 따라 한왕 원년 4월일 것이라고 했다.

② 誚讓초양

집해 《한서음의》에서 말한다. "초誚는 꾸짖는 것이다."

漢書音義曰 誚 責也

항우를 배신하다

한왕 3년, 한왕은 초나라를 공격해 팽성彭城에서 크게 싸웠으나 불리해지자 양梁 땅[①]에서 나와 우虞 땅[②]에 이르러 좌우[③]에게 일러 말했다.

"저들 무리와 같은 자들은 천하의 일을 함께 계획하기에 충분하지 못하다."

알자謁者 수하隨何가 앞으로 나아가서 말했다.

"폐하께서 말씀하시는 뜻을 살피지 못하겠습니다."

한왕이 말했다.

"누가 나를 위해 회남에 사신으로 가서 군사를 일으켜 초나라를 배신하게 하고 항왕을 제나라에 수개월 동안 머무르게 한다면, 내가 천하를 취하는 데 백번 온전할 수 있을 것이다."

수하가 말했다.

"신이 사신으로 갈 것을 청합니다."

漢三年 漢王擊楚 大戰彭城 不利 出梁地[①] 至虞[②] 謂左右[③]曰 如彼等者 無足與計天下事 謁者隨何進曰 不審陛下所謂 漢王曰 孰能爲我使淮南 令之發兵倍楚 留項王於齊數月 我之取天下可以百全 隨何曰 臣請使之

① 梁地양지

신주 유방은 옛 송나라 땅인 팽성과 수수睢水에서 싸우다 물러나왔으니, 여기 양 땅은 당시 기준으로 탕군碭郡에 해당한다. 탕을 양이라 고친 것은 한나라 때인데 이 기록도 한나라 때 작성되었기 때문에 '양'이라 했을 것이다. 또 탕군 위쪽 땅을 가끔 양梁이라 했는데, 이는 전국시대 위魏나라 동부지역인 하수 일대를 가리킨다. 이미 〈팽월열전〉에서 살펴보았다.

② 虞우

정의 지금의 송주 우성이다.

今宋州虞城也

③ 左右좌우

색은 살펴보니 수하隨何를 이른다.

案 謂隨何

> 이에 20여 명을 주어서 함께 회남으로 가게 했다.
> 회남에 이르러 태재太宰의 관사에서 머물렀는데[①] 3일이 되어도 (경포를) 만나볼 수 없었다. 수하가 이로 인해 태재를 설득했다.
> "왕께서 저를 만나주지 않는 것은 반드시 초나라는 강하고 한나라는 약하다고 여겨서일 것입니다. 이는 신이 사신으로 오게 된 이유입니다. 저로 하여금 뵙도록 말씀을 드려서 옳다고 여기시면,

곧 대왕께서 들으려 하시는 말이고, 말씀드려서 틀렸다고 여기시면 저와 함께 온 20여 명을 회남의 저자에서 도끼로 목을 베어[②] 왕께서 한나라를 저버리고 초나라와 함께하는 것을 분명하게 하십시오."

迺與二十人俱 使淮南 至 因太宰主之[①] 三日不得見 隨何因說太宰曰 王之不見何 必以楚爲彊 以漢爲弱 此臣之所以爲使 使何得見 言之而是邪 是大王所欲聞也 言之而非邪 使何等二十人伏斧質[②]淮南市 以明王倍漢而與楚也

① 太宰主之태재주지

집해 《한서음의》에서 말한다. "회남 태재가 내주內主가 되었다." 위소가 말했다. "주主는 관사이다."

漢書音義曰 淮南太宰作內主也 韋昭曰 主 舍也

색은 태재는 음식을 관장하는 관리이다. 위소는 말했다. "주主는 관사이다."

太宰 掌膳食之官 韋昭曰 主 舍

② 斧質부질

신주 부는 도끼이고, 질은 모탕이다. 모탕은 도끼질할 때 밑에 까는 받침대를 뜻하니 곧 도끼로 목을 벤다는 뜻이다.

태재가 이에 왕에게 말하자 왕이 수하를 만나보았다. 수하가 말했다.
"한왕이 신으로 하여금 공경히 대왕의 측근에게 글을 올리게 했는데, 가만히 생각하니 대왕께서 초나라와는 어떻게 친하신지 괴이합니다."
회남왕이 말했다.
"과인은 북향하고 신하로서 섬기는 것뿐이오."
수하가 말했다.
"대왕께서는 항왕과 함께 도열한 제후인데 북향하고 신하가 되어 섬긴다는 것은 반드시 초나라를 강하다고 여겨서 국가를 의탁할 수 있다고 여기는 것입니다. 항왕은 제나라를 정벌할 때 몸소 판축板築[①]을 지고 사졸들을 위해 선도했습니다. 대왕께서는 마땅히 회남의 군사들을 다 동원하고 몸소 자신이 장수가 되어 초나라 군대의 선봉이 되어야 하는데도 지금 4,000여 명만 징발해 초나라를 돕고 있습니다.
대저 북면하고 신하가 되어 남을 섬기는 자가 진실로 이와 같을 수 있습니까? 무릇 한왕이 팽성에서 싸울 때 항왕은 미처 제나라에서 나오지 못하고 있었지만 대왕께서는 마땅히 회남의 군사를 움직여[②] 회수를 건너 밤낮으로 팽성 아래에서 만나 싸워야 함에도 대왕께서는 만 명의 군사를 어루만질뿐 한 사람도 회수를 건너는 자가 없었습니다. 옷소매를 늘어뜨려 팔짱만 끼고 누가 승리하는가를 바라만 보았습니다. 무릇 남에게 나라를 의탁하는 자가 진실로 이와 같습니까?

대왕께서는 초나라를 향한다는 빈 명분만 가지고 스스로 의탁한 것을 두텁게 하고자 하시는데, 신은 가만히 대왕께서 취할 바가 아니라고 여깁니다. 그러나 대왕께서 초나라를 배반하지 못하는 것은 한나라가 약하다고 생각하기 때문입니다.

太宰迺言之王 王見之 隨何曰 漢王使臣敬進書大王御者 竊怪大王與楚何親也 淮南王曰 寡人北鄉而臣事之 隨何曰 大王與項王俱列爲諸侯 北鄉而臣事之 必以楚爲彊 可以託國也 項王伐齊 身負板築① 以爲士卒先 大王宜悉淮南之衆 身自將之 爲楚軍前鋒 今迺發四千人以助楚 夫北面而臣事人者 固若是乎 夫漢王戰於彭城 項王未出齊也 大王宜騷②淮南之兵渡淮 日夜會戰彭城下 大王撫萬人之衆 無一人渡淮者 垂拱而觀其孰勝 夫託國於人者 固若是乎 大王提空名以鄉楚 而欲厚自託 臣竊爲大王不取也 然而大王不背楚者 以漢爲弱也

① 板築판축

집해 이기가 말했다. "판板은 담을 쌓는 판자이다. 축築은 절구이다."

李奇曰 板 牆板也 築 杵也

② 騷소

집해 騷의 발음은 '소埽'이다.

音埽

무릇 초나라 군사가 비록 강하다고 하나 천하에서 초나라는 불의하다는 이름을 지고① 있는데, 그것은 맹약을 저버리고 의제를 죽였기 때문입니다. 그러나 초왕은 싸워서 승리한 것을 믿고 스스로 강하다고 생각합니다. 한왕은 (관중에서) 제후들을 거두었고, 돌아와서 성고成皐와 형양을 지키고 촉蜀과 한중漢中의 곡식을 실어내고 해자垓字를 깊게 파고 성벽을 튼튼히 하며 군졸을 나누어 변방의 성채를 수비하고② 있습니다.

초나라 사람들이 군사를 돌리면 중간에 양梁 땅이 있어 적국의 8, 9백 리를 깊숙이 들어가야 하니,③ 싸우고 싶어도 싸우지 못하는 것이고 성을 공격해도 힘이 부치는 것인데, 노약자들은 천 리 밖에서 군량미를 운반하고 있습니다. 초나라 병사들이 형양과 성고에 이르면 한나라는 견고하게 지키고 움직이지 않습니다. 초나라는 진격해도 공격하지 못하고 물러나도 포위를 풀지 못합니다. 그러므로 초나라 병사들은 기댈 곳이 부족합니다.④

夫楚兵雖彊 天下負①之以不義之名 以其背盟約而殺義帝也 然而楚王恃戰勝自彊 漢王收諸侯 還守成皐滎陽 下蜀漢之粟 深溝壁壘 分卒守徼乘塞② 楚人還兵 間以梁地 深入敵國八九百里③ 欲戰則不得 攻城則力不能 老弱轉糧千里之外 楚兵至滎陽成皐 漢堅守而不動 進則不得攻 退則不得解 故曰楚兵不足恃也④

① 負부

색은 부負는 입음과 같다. 그의 몸에 불의不義를 입은 것이다.

負猶被也 以不義被其身

② 徼乘塞요승새

색은 요徼는 변경의 정장亭鄣을 이른다. 변경을 순찰하면서 항상 지키는 것이다. 승乘은 오르는 것인데 요새의 담에 올라서 지키는 것이다.

徼謂邊境亭鄣 以徼繞邊陲 常守之也 乘者 登也 登塞垣而守之

③ 梁地 深入敵國八九百里양지 심입적국팔구백리

집해 장안이 말했다. "항우는 제나라에서 돌아와서 양 땅 8, 9백 리를 경유했는데, 이에 항우의 땅을 얻은 것이다."

張晏曰 羽從齊還 當經梁地八九百里 迺得羽地

색은 살펴보니 복건이 말했다. "양나라는 초나라와 한漢나라의 중간에 있다."

案 服虔曰 梁在楚漢之中間

신주 여기 양 땅은 앞의 양 땅과 달리 옛 위魏나라 동부지역이며, 성고와 형양의 동쪽이다.

④ 不足恃也부족시야

집해 서광이 말했다. "시恃는 다른 판본에는 '파罷'로 되어 있다. 그들이 이미 피곤해서 다시 고생하기에는 부족하다는 말이다."

徐廣曰 恃 一作罷 言其已困 不足復苦也

색은 살펴보니 "《한서》에는 파罷로 되어 있고 罷의 발음은 '피皮'이다.

案 漢書作罷 音皮

가령 초나라가 한나라를 이긴다면, 제후들은 스스로 염려하고 두려워하여 구원할 것입니다. 무릇 초나라의 강함이 천하의 군사들을 이르게 하기에 족할 뿐입니다. 그러므로 초나라가 한나라와 같지 못한 것은 그 형세로 쉽게 볼 수 있습니다. 지금 대왕께서는 모든 것이 온전한 한나라와 함께하지 않고 위태로워 망할 초나라에 스스로 의탁하고 있으니, 신은 가만히 대왕을 위해 생각해보면 의혹스럽게 여겨집니다.
신은 회남의 병력으로 초나라를 망하게 하기에는 충분하다고 생각하지 않습니다. 무릇 대왕께서 군사를 동원해 초나라를 배반하면 항왕은 반드시 머물게 될 것입니다. 수개월 동안 머물러 있게 되면, 한나라는 천하를 취하는 데 만전을 기할 수 있습니다.
신이 청컨대 대왕께서 칼을 들고 한왕에게 돌아오시면, 한왕은 반드시 토지를 쪼개서 대왕을 봉할 것인데 또 하물며 회남이겠습니까. 회남은 반드시 대왕이 소유하게 될 것입니다. 그러므로 한왕이 공경히 신을 사신으로 보내 계책을 말씀드리라고 한 것입니다. 원컨대 대왕께서는 유념하시기 바랍니다."
회남왕이 말했다.
"청컨대 명命을 받들겠소."
이에 몰래 초나라를 배신하고 한나라와 함께할 것을 허락했는데 감히 발설하지 않았다.
초나라 사자가 (회남에) 있으면서① 막 영포에게 군사를 일으키라고 급하게 채근하며 관사에 머물러 있었다. 수하가 곧바로 들어가 초나라 사자의 상석에 앉아서 말했다.

"구강왕은 이미 한나라에 귀순했는데 초나라에서 군사를 징발하는 것을 얻을 수 있겠소?"

영포는 깜짝 놀라고 초나라 사자는 일어났다. 수하는 이로 인해 영포를 설득했다.

"일이 이미 이루어졌으니[2] 초나라 사자를 죽여 사자가 돌아가지 못하게 하고 신속하게 한나라로 달려가서[3] 힘을 합하는 것이 좋겠습니다."

영포가 말했다.

"사자가 가르친 것처럼 군사를 일으켜 칠 따름입니다."

使楚勝漢 則諸侯自危懼而相救 夫楚之彊 適足以致天下之兵耳 故楚不如漢 其勢易見也 今大王不與萬全之漢而自託於危亡之楚 臣竊爲大王惑之 臣非以淮南之兵足以亡楚也 夫大王發兵而倍楚 項王必留 留數月 漢之取天下可以萬全 臣請與大王提劍而歸漢 漢王必裂地而封大王 又況淮南 淮南必大王有也 故漢王敬使使臣進愚計 願大王之留意也 淮南王曰 請奉命 陰許畔楚與漢 未敢泄也 楚使者在[1] 方急責英布發兵 舍傳舍 隨何直入 坐楚使者上坐 曰 九江王已歸漢 楚何以得發兵 布愕然 楚使者起 何因說布曰 事已搆[2] 可遂殺楚使者 無使歸 而疾走[3]漢并力 布曰 如使者教 因起兵而擊之耳

① 在재

집해 문영이 말했다. "회남왕의 처소에 있었다."

文穎曰 在淮南王所

② 搆구

색은 살펴보니 구搆의 훈은 이룬다는 뜻이다.

按 搆訓成也

③ 走주

색은 走의 발음은 '주奏'인데, 향한다는 뜻이다.

走音奏 向也

이에 사자를 죽이고 그로 인해 군사를 일으켜 초나라를 공격했다. 초나라는 항성項聲과 용저龍且를 시켜 회남을 공격하게 하고 항왕은 머물러 하읍下邑[1]을 공격했다. 수개월 만에 용저가 회남을 공격해서 영포의 군사를 쳐부수었다. 영포는 군사를 이끌고 한나라로 달아나고자 했는데, 초왕이 죽일까 봐 두려워 샛길을 따라 수하와 함께 한나라로 귀순했다.

회남왕이 이르렀는데,[2] 주상이 바야흐로 침상에 걸터앉아 발을 씻으면서 영포를 불러들여 만나보자, 영포는 크게 노하고 온 것을 후회하여 자살하고자 했다. 그러나 물러나와 관사에 나아가 보니 장막과 모시는 자와 음식과 따르는 관리가 한왕의 거처와 똑같자 영포는 또 크게 기뻐하면서 원망이 지나쳤다고 여겼다.[3] 이에 사자에게 구강으로 들어가게 했다.

於是殺使者 因起兵而攻楚 楚使項聲龍且攻淮南 項王留而攻下邑[1] 數月 龍且擊淮南 破布軍 布欲引兵走漢 恐楚王殺之 故間行與何俱歸漢

淮南王至[②] 上方踞牀洗 召布入見 布(甚)大怒 悔來 欲自殺 出就舍 帳御飲食從官如漢王居 布又大喜過望[③] 於是迺使人入九江

① 下邑하읍

정의 송주 탕산현이다.

宋州碭山縣

② 淮南王至회남왕지

집해 서광이 말했다. "3년 12월이다."

徐廣曰 三年十二月

③ 大喜過望대희과망

정의 고조는 경포를 먼저 왕으로 분봉하면 그 자존심이 높아질 것을 염려했다. 그래서 준엄한 예로써 경포를 굴복시키려고 했다. 얼마 후 그 휘장을 아름답게 꾸미고 그 음식을 두터이 하고 그 따르는 관리를 많게 하여 그의 마음을 기쁘게 했는데, 임시방편이다.

高祖以布先分爲王 恐其自尊大 故峻禮令布折服 已而美其帷帳 厚其飮食 多其從官 以悅其心 灌道也

초나라는 항백項伯을 시켜 구강의 군사를 거두고 나서 영포의 아내와 자식들을 모두 죽였다. 영포의 사자는 자못 옛 친구와 총애하던 신하와 장수와 군사 수천 명을 데리고 한나라로 돌아왔다. 한나라는 영포에게 군사를 더 나누어 주고 함께 북쪽으로 가서 군사를 수습해 성고에 이르렀다.

4년 7월, 영포를 세워 회남왕으로 삼고 함께 항적을 공격했다.

한왕 5년, 영포는 사람을 시켜 구강으로 쳐들어가 여러 개의 현을 얻게 했다.

6년,① 영포는 유가劉賈②와 함께 구강으로 들어가 대사마 주은周殷을 유인했다. 주은은 초나라를 배반하고, 마침내 구강의 군사를 통틀어 한나라와 함께 초나라를 공격해 해하垓下에서 쳐부수었다.

楚已使項伯收九江兵 盡殺布妻子 布使者頗得故人幸臣 將衆數千人歸漢 漢益分布兵而與俱北 收兵至成皐 四年七月 立布爲淮南王 與擊項籍 漢五年 布使人入九江 得數縣 六年① 布與劉賈②入九江 誘大司馬周殷 周殷反楚 遂擧九江兵與漢擊楚 破之垓下

① 六年육년

신주 유방이 제패한 것은 5년이다. 6년이라 했으니 오류이다.

② 劉賈유가

신주 '유고'라고 읽어도 된다. 나중에 형왕荊王에 봉해졌다가 경포에게 죽임을 당한다. 그가 주은을 유인하는 장면은 〈형연세가〉에 자세하다.

제三장

배신의 응보

항적이 죽고 천하가 평정되자 주상은 주연을 열었다. 주상은 수하隨何의 공로를 깎아내리고 수하를 썩은 유생[1]이라고 이르면서 천하를 위해 어찌 썩은 유생을 쓰겠냐고 했다. 수하가 무릎을 꿇고 말했다.

"무릇 폐하께서는 군사를 인솔하여 팽성을 공격하시고 초왕은 미처 제나라에서 떠나지 못했을 때 폐하께서 보졸 5만 명과 기병 5,000명을 일으키셨다면 회남을 취하실 수 있으셨겠습니까?"

주상이 말했다.

"그러지 못했을 것이다."

수하가 말했다.

"폐하께서 저를 시켜 20명의 종자와 함께 회남에 사신으로 가게 하셨습니다. 회남에 사신으로 이르러 폐하의 뜻대로 되었습니다. 이것은 제 공로가 보졸 5만 명과 기병 5,000명보다 나은 것입니다. 그런데 폐하께서는 저를 썩은 유생이라고 이르며 천하를 위해 어찌 썩은 유생을 쓰겠냐고 하시니, 왜 그러십니까?"

주상이 말했다.

"내가 지금 바로 그대의 공로를 고려해보겠다."

이에 수하를 호군중위護軍中尉로 삼았다.

영포는 마침내 부절을 쪼개서 회남왕이 되어 육六에 도읍했으며, 구강과 여강廬江과 형산衡山과 예장군豫章郡은 모두 영포에게 속하게 했다.

7년,② 진陳 땅에서 고조에게 조회했다.

8년(서기전 199), 낙양에서 조회했다.

9년, 장안에서 조회했다.

11년, 고후高后가 회음후(한신)를 죽이자 영포가 이로 인해 마음으로 두려워했다.

여름에 한나라에서 양왕梁王 팽월을 죽이고 소금에 절여서 그 절인 것을 그릇에 담아 제후들에게 두루 하사했다. 회남에 이르렀는데, 회남왕은 바야흐로 사냥하다가 절여진 것을 보고 이로 인해 크게 두려워하고, 몰래 사람을 시켜 군사를 모으게 하고, 주변 군郡을 경계하고 위급함을 살폈다.③

項籍死 天下定 上置酒 上折隨何之功 謂何爲腐儒① 爲天下安用腐儒 隨何跪曰 夫陛下引兵攻彭城 楚王未去齊也 陛下發步卒五萬人 騎五千 能以取淮南乎 上曰 不能 隨何曰 陛下使何與二十人使淮南 至 如陛下之意 是何之功賢於步卒五萬人騎五千也 然而陛下謂何腐儒 爲天下安用腐儒 何也 上曰 吾方圖子之功 迺以隨何爲護軍中尉 布遂剖符爲淮南王 都六 九江廬江衡山豫章郡皆屬布 七年② 朝陳 八年 朝雒陽 九年 朝長安 十一年 高后誅淮陰侯 布因心恐 夏 漢誅梁王彭越 醢之 盛其醢徧賜諸侯 至淮南 淮南王方獵 見醢 因大恐 陰令人部聚兵 候伺旁郡警急③

① 腐儒부유

색은 腐의 발음은 '보輔'이다. 썩은 유생이라고 한 것은 부패한 물건으로 쓸모없다는 말과 같다.

腐音輔 謂之腐儒者 言如腐敗之物不任用

② 七年칠년

신주 진 땅에서 조회한 때는 6년이므로, 앞서 '六年'을 이쪽으로 옮기고 칠년을 삭제해야 한다.

③ 旁郡警急방군경급

집해 장안이 말했다. "모이게 하려고 한 것이다."

張晏曰 欲有所會

영포가 총애하는 미희美姬가 병이 나서 의사에게 나아가 치료받기를 청했다. 의사의 집은 중대부 비혁賁赫[①]의 집과 문을 마주했는데, 미희가 자주 의원의 집에 가면 비혁은 스스로 시중이 되어서 이에 후하게 음식을 보내고 미희를 따라 의원의 집에서 술을 마시기도 했다. 미희가 왕을 모시면서 한가하게 이야기를 하던 차에 비혁의 장점을 칭찬했다. 왕이 노해서 말했다.

"네가 어떻게 그것을 아는가?"

상황을 갖추어 말했다. 왕은 그들이 더불어 음란한 것으로 의심했다. 비혁은 두려워하고 병을 핑계 댔다. 왕이 더욱 노하여 비혁을 체포하려고 했다. 비혁은 변란을 고발하려고 역마驛馬를 타고 장안에 이르렀다.
영포는 사람을 시켜 추격했지만 따라잡지 못했다. 비혁이 이르러 변고를 아뢰고 영포가 반역을 꾀하는 단서가 있다고 고발하면서 (군사를) 일으키기 전에 먼저 죽이는 것이 옳다고 했다. 주상이 그 편지를 읽고 소상국蕭相國에게 말했다.
소상국이 말했다.
"영포가 이런 일을 하기에 마땅하지 않으니 아마 원한을 품은 자가 망령되게 무고했다고 생각합니다. 청컨대 비혁을 가두고 사람을 시켜 몰래② 회남왕을 조사해 보십시오."
회남왕 영포는 비혁이 죄를 지고 도망친 것을 알고 변란을 보고해서 진실로 이미 그가 자신의 나라에서 비밀로 한 일을 고발했을 것으로 의심했다. 또 한나라 사신이 와서 자못 조사하는 바가 있자, 마침내 비혁의 가족을 몰살시키고 군사를 일으켜 반란을 일으켰다. 반란했다는 글이 보고되자, 주상은 이에 비혁을 사면하고 장군으로 삼았다.
布所幸姬疾 請就醫 醫家與中大夫賁赫①對門 姬數如醫家 賁赫自以爲侍中 迺厚餽遺 從姬飮醫家 姬侍王 從容語次 譽赫長者也 王怒曰 汝安從知之 具說狀 王疑其與亂 赫恐 稱病 王愈怒 欲捕赫 赫言變事 乘傳詣長安 布使人追 不及 赫至 上變 言布謀反有端 可先未發誅也 上讀其書語蕭相國 相國曰 布不宜有此 恐仇怨妄誣之 請繫赫 使人微②驗淮南王
淮南王布見赫以罪亡 上變 固已疑其言國陰事 漢使又來 頗有所驗 遂族赫家 發兵反 反書聞 上迺赦賁赫 以爲將軍

① 賁赫비혁

집해 서광이 말했다. "賁의 발음은 '비肥'이다."

徐廣曰 賁音肥

색은 賁의 발음은 '비肥'이고, 사람의 성씨이다. 赫의 발음은 '혁[虛格反]'이다.

賁音肥 人姓也 赫音虛格反

② 微미

집해 다른 판본에는 '징徵'으로 되어 있다.

一作徵

주상이 여러 장수를 불러서 물었다.
"영포가 반역했는데 어찌해야 하는가?"
모두 말했다.
"군사를 일으켜 공격해서 그 풋내기를 구덩이에 묻을 뿐, 무얼 할 수 있겠습니까."
여음후汝陰侯 등공滕公[①]이 옛 초나라 영윤令尹을 불러서 물었다.
영윤이 대답했다.
"이런 까닭에 반역했을 것입니다."
등공이 말했다.
"주상은 토지를 갈라서 왕을 시켜 주고 작위를 나누어 귀하게 해

주었으며② 남면하게 해 만승의 군주로 세워 주었는데, 그가 반역한 것은 무엇 때문이오?"

上召諸將問曰 布反 爲之柰何 皆曰 發兵擊之 阬豎子耳 何能爲乎 汝陰侯滕公①召故楚令尹問之 令尹曰 是故當反 滕公曰 上裂地而王之 疏爵而貴之② 南面而立萬乘之主 其反何也

① 汝陰侯滕公여음후등공

신주 등공은 하후영이다. 〈번역등관열전〉에 실려있다.

② 疏爵而貴之소작이귀지

집해 《한서음의》에서 말한다. "소疏는 나눔이다. '우임금은 강수를 트고 하수를 나누었다.'라고 한 것이 이것이다."

漢書音義曰 疏 分也 禹決江疏河 是也

색은 소疏는 나눈다는 뜻이다. 《한서》에서 말한다. "우임금은 강수를 트고 하수를 나누었다." 《상서》에서 말한다. "작위를 다섯으로 가르고 땅을 셋으로 나누었다." 살펴보니 열지裂地는 대구이므로 소疏가 곧 분分이라는 것을 알 수 있다.

疏 分也 漢書曰 禹決江疏河 尙書曰 列爵惟五 分土惟三 按 裂地是對文 故知疏卽分也

영윤이 말했다.

"지난해 팽월이 살해되고 지난해 한신韓信도 살해되었습니다.① 이 세 사람은 공과 지위가 같은 사람입니다. 재앙이 자신에게 미칠 것으로 의심했으므로 배반했을 뿐입니다."

등공은 주상에게 말했다.

"신의 객客에 지난날 초나라 영윤이었던 설공薛公이 있는데 그 사람이 계책을 잘 헤아리니 물어보시면 좋을 것입니다."

주상이 이에 설공을 불러서 만나보고 물었다. 설공이 대답했다.

"영포가 반란을 일으킨 것은 괴이하게 생각할 것 없습니다. 영포가 상책으로 나온다면 산동山東은 한나라 소유가 아닐 것입니다. 중책으로 나온다면 승패의 변수는 알 수 없을 것입니다. 하책으로 나온다면 폐하께서는 편안히 베개를 베고 주무실 수 있을 것입니다."

令尹曰 往年殺彭越 前年殺韓信① 此三人者 同功一體之人也 自疑禍及身 故反耳 滕公言之上曰 臣客故楚令尹薛公者 其人有籌筴之計 可問 上迺召見問薛公 薛公對曰 布反不足怪也 使布出於上計 山東非漢之有也 出於中計 勝敗之數未可知也 出於下計 陛下安枕而臥矣

① 往年殺彭越 前年殺韓信왕년살팽월 전년살한신

집해 장안이 말했다. "왕년과 전년은 같을 뿐인데, 문장을 서로 피하게 만든 것이다."

張晏曰 往年前年同耳 使文相避也

주상이 말했다.

"무엇을 상책이라고 이르는가?"

영윤이 대답했다.

"동쪽으로 오吳나라를 빼앗고[1] 서쪽으로 초楚나라를 빼앗으며[2] 제齊나라를 합치고 노魯나라를 취해서 연燕나라와 조趙나라에 격문을 전해서 그곳을 굳게 지키게 한다면, 산동은 한나라의 소유가 아닐 것입니다."

"무엇을 중책이라고 이르는가?"

"동쪽으로 오나라를 빼앗고 서쪽으로 초나라를 빼앗으며 한韓나라를 합치고 위魏나라를 빼앗으며 오유敖庾[3]의 곡식에 의지해 성고의 입구를 막고 있으면, 승패의 변수는 알 수 없을 것입니다."

上曰 何謂上計 令尹對曰 東取吳[1] 西取楚[2] 并齊取魯 傳檄燕趙 固守其所 山東非漢之有也 何謂中計 東取吳 西取楚 并韓取魏 據敖庾[3]之粟 塞成皐之口 勝敗之數未可知也

① 東取吳동취오

정의 형왕荊王 유가는 오吳에 도읍했는데 소주의 합려성이다.

荊王劉賈都吳 蘇州闔廬城也

신주 이는 〈한흥이래제후왕연표〉에 따른 설명이며, 《한서》에는 동양東陽이라 하여 다르다. 동양은 임회臨淮이다. 또 형荊은 오吳→강도江都→광릉廣陵으로 계속 국명이 바뀌었고 강북에 도읍했는데, 모두 장강 북쪽 서주徐州 지방이다. 또 유가가 죽임을 당한 곳 역시 강북 우이盱眙 부근이다. 다분히 《한서》가 옳고 《사기》가 틀렸다.

② 西取楚서취초

정의 초왕 유교劉交는 서주의 하비에 도읍했다.

楚王劉交都徐州下邳

신주 유교는 초원왕楚元王이 된다. 제거당한 한신을 대체하여 왕이 되었다. 〈초원왕세가〉에 자세하다.

③ 敖庾오유

색은 살펴보니 《태강지기》에서 말한다. "진나라에서 오창敖倉을 성고成皐에 세웠다." 또 '창고[庾]'라고 했으므로 '오유敖庾'라고 이른다.

案 太康地記云 秦建敖倉於成皐 又云庾 故云敖庾也

"무엇을 하책이라고 이르는가?"

"동쪽으로 오吳나라를 빼앗고 서쪽으로 하채下蔡①를 빼앗으며 월나라에 중요한 것들을 돌아가게 하고 자신은 장사長沙②로 돌아간다면 폐하께서는 편안히 베개를 베고 누우셔도 한나라에는 일이 없을 것입니다.③"

주상이 말했다.

"이러한 것으로 계산한다면 장차 어떻게 나오겠는가?"

영윤이 대답했다.

"하책으로 나올 것입니다."

주상이 말했다.

"어찌해 상책과 중책을 폐지하고 하책으로 나온다고 이르는가?"

何謂下計 東取吳 西取下蔡[1] 歸重於越 身歸長沙[2] 陛下安枕而臥 漢無事矣[3] 上曰 是計將安出 令尹對曰 出下計 上曰 何謂廢上中計而出下計

① 下蔡하채

정의 옛 주래국이다.

古州來國

신주 춘추시대 채蔡나라가 마지막으로 천도하여 망한 곳이다. 회남국 도읍지 육六에서 북쪽 방향이고 회수에 닿아 있다. 부근에 전국시대 초나라 수도 수춘壽春이 있어 회남에서 중원으로 가는 길목에 해당한다. 채국蔡國은 희성姬姓으로 주무왕의 아우 숙도叔度(채숙도)가 처음으로 봉해졌던 나라이다.

② 長沙장사

정의 지금의 담주이다.

今潭州

③ 陛下安枕而臥～漢無事矣폐하안침이와～한무사의

집해 환담의 《신론》에서 말한다. "세상에는 바둑이라는 놀이가 있는데, 어떤 이는 이것을 병법의 한 종류라고 말한다. 가장 좋은 수는 바둑돌을 멀리 두어 널찍하게 펼쳐서 에워 쌓게 두는 것으로, 이룰 수 있는 수가 많아지니 도를 얻어 승리하기에 이른다. 중간 수는 서로 끊고 요지를 막는 데 힘써 편함을 다투고 이익을 추구하는 것인데, 승부는 여우가 의심하는 것과 같아 수를 헤아려 정하게 된다. 최하 수는 변방의 모퉁이를 지키면서 바둑판에 집을 낼 것을 추구하는데 작은 땅에서 스스로 살려고 하지만 또한 반드시 뜻대로 되지 않는다."

설공薛公이 말한 상책을 살펴보면, 오나라와 초나라를 빼앗고 제나라와 노나라와 연나라와 조나라를 합병한다고 말했는데, 이는 길과 땅을 넓히는 것을 이른다. 중책은 오나라와 초나라를 빼앗고 한韓나라와 위魏나라를 합병하며, 성고成皐를 막고 오창敖倉에 의지한다고 말했는데, 이는 요지를 막고 이점을 다투는 것을 좇는 것이다. 하책은 오나라와 하채를 취하고, 장사長沙를 차지하여 월나라에 임한다고 말했는데, 이것은 변방 모퉁이를 지키면서 바둑판의 집을 낼 것을 좇는 것이다.

桓譚新論曰 世有圍碁之戲 或言是兵法之類也 及爲之上者 遠碁疏張 置以會圍因而成多 得道之勝 中者 則務相絕遮要 以爭便求利 故勝負狐疑 須計數而定下者 則守邊隅 趨作罫 以自生於小地 然亦必不如 察薛公之言上計 云取吳楚并齊魯及燕趙者 此廣道地之謂 中計云取吳楚 并韓魏 塞成皐 據敖倉 此趨遮要爭利者也 下計云取吳下蔡 據長沙以臨越 此守邊隅 趨作罫者也

색은 罫의 발음은 '쾌[烏卦反]'이다.

罫音烏卦反

영윤이 말했다.

"영포는 본래 여산麗山의 죄수입니다. 스스로 만승의 군주가 되었는데 이것은 모두 자신만을 위한 것이며 백성과 만세의 생각을 뒤돌아보지 않으니 하책으로 나올 것이라고 이르는 것입니다."

주상이 말했다.

"좋은 말이오."

설공을 1,000호에 봉했다.① 이에 황자 장長을 세워 회남왕으로 삼았다. 주상은 마침내 군사를 일으키고 스스로 장수가 되어 동쪽에서 경포를 공격했다. 경포는 처음 모반할 때 그의 장수들에게 말했다.

"주상은 늙었고, 군사에 염증을 내고 있으니 반드시 오지 않을 것이다. 여러 장수들을 시킬 것인데 여러 장수 가운데 유독 회음후와 팽월만이 근심스러운데 지금은 모두 이미 죽었으니, 나머지는 두려워할 것이 없다."

그러므로 마침내 반역했다.

令尹曰 布故麗山之徒也 自致萬乘之主 此皆爲身 不顧後爲百姓萬世慮者也 故曰出下計 上曰 善 封薛公千戶① 迺立皇子長爲淮南王 上遂發兵自將東擊布 布之初反 謂其將曰 上老矣 厭兵 必不能來 使諸將 諸將獨患淮陰彭越 今皆已死 餘不足畏也 故遂反

① 封薛公千戶봉설공천호

색은 유씨가 말했다. "설공이 1,000호에 봉해졌으니 아마 관내후일 것이다."

劉氏云 薛公得封千戶 蓋關內侯也

신주 봉국이 없는 것을 관내후라 한다. 관중關中에 자리했다는 뜻이다.

과연 설공이 예측한 것같이 동쪽 형荊나라를 공격하자 형왕 유가는 달아나다 부릉富陵[①]에서 죽었다. 모두 그의 군대를 두려워하자 회수를 건너서 초나라를 쳤다. 초나라는 군사를 징발해 서徐와 동僮 사이[②]에서 싸웠는데, 삼군三軍을 만들어 서로를 구제하면서 기이한 계책을 펼치려고 했다. 어떤 이가 초나라 장수를 설득했다.

"영포는 용병을 잘하므로 백성이 평소 두려워합니다. 또 병법에는 제후가 그의 영토 안에서 싸우는 것을 산지散地(흩어진 땅)[③]라고 했소. 지금 셋으로 나누었는데 저들이 우리 일군一軍을 무너뜨리면 나머지는 모두 달아날 것이니 어찌 서로 구제할 수 있겠습니까?"

장수는 듣지 않았다. 영포가 과연 그 일군一軍을 쳐부수자, 그 이군二軍은 흩어져 달아났다.

果如薛公籌之 東擊荊 荊王劉賈走死富陵[①] 盡劫其兵 渡淮擊楚 楚發兵與戰徐僮間[②] 爲三軍 欲以相救爲奇 或說楚將曰 布善用兵 民素畏之 且兵法 諸侯戰其地爲散地[③] 今別爲三 彼敗吾一軍 餘皆走 安能相救 不聽 布果破其一軍 其二軍散走

① 富陵부릉

정의 옛 성은 초주 우이현 동북쪽 60리에 있다.

故城在楚州盱眙縣東北六十里

② 徐僮間서동간

집해 여순이 말했다. "지명이다."

如淳曰 地名也

색은 살펴보니 〈지리지〉에서 임회군에 서현과 동현이 있다.

案 地理志臨淮有徐縣僮縣

정의 두예가 말했다. "서현은 하비 동현 동쪽에 있다." 《괄지지》에서 말한다. "대서성은 사주 서성현 북쪽 40리에 있는데, 옛 서국이다."

杜預云 徐在下邳僮縣東 括地志云 大徐城在泗州徐城縣北四十里 古徐國也

③ 散地산지

집해 《한서음의》에서 말한다. "흩어져 없어지는 땅을 말한다."

漢書音義曰 謂散滅之地

정의 위무제(조조)는 《손자》에 주석을 달았다. "군졸들이 토지에 연연하고 길이 가까워서 쉽게 패하여 흩어진다."

魏武帝注孫子曰 卒戀土地 道近而易敗散

> 마침내 서쪽으로 향하여 주상의 군사와 기蘄의 서쪽 회저會甀[①]에서 마주쳤다. 영포의 군대는 매우 정예했다. 주상이 용성庸城[②]에 방벽을 쌓고 영포의 군대를 바라보니 진을 펼친 것이 항적의 군대와 같은 것을 보고, 주상이 싫어했다. 영포와 서로 바라보면서 멀리서 영포에게 말했다.
>
> "무엇이 괴로워서 반역했는가?"
>
> 영포가 대답했다.
>
> "황제가 되고자 할 뿐이오."

遂西 與上兵遇蘄西 會甀[①] 布兵精甚 上迺壁庸城[②] 望布軍置陳如項籍軍 上惡之 與布相望見 遙謂布曰 何苦而反 布曰 欲爲帝耳

① 蘄西 會甀기서 회저

색은 앞 글자 會의 발음은 '괴[古外反]'이고 뒤 글자 甀의 발음은 '저[持瑞反]'이다. 위소가 말했다. "기蘄의 향 이름이다."《한서》에는 추䍁로 되어 있는데, 응소는 발음을 '보保'라 했고, 질현銍縣 아래의 정亭 이름이라 했다.

上古外反 下持瑞反 韋昭云 蘄之鄉名 漢書作䍁 應劭音保 (鉦)〔銍〕下亭名

정의 蘄의 발음은 '기機'이다. 패군 기성蘄城이다. 甀의 발음은 '처[逐瑞反]'이다.

蘄音機 沛郡蘄城也 甀 逐瑞反

신주 《한서》〈경포전〉에는 추䍁, 〈고제본기〉에는 부缶라 했다. 추䍁는 입이 좁은 항아리나 물병이니 부缶에 뜻이 가깝다. 또 甀와 䍁와 缶의 고대 음은 '저'에 가깝다. 따라서 지명 번역을 '회저'라고 했다.

② 庸城용성

집해 등전이 말했다. "지명이다."

鄧展曰 地名也

주상이 노해서 그를 꾸짖고 마침내 크게 싸웠다. 영포의 군대는 패주하여 회수를 건너가 여러 번 싸움을 멈추려 했지만 불리해지자 100여 명과 함께 강남으로 달아났다. 영포는 지난날 파군番君의 딸과 혼인했다. 이런 까닭으로 장사애왕長沙哀王[①]이 사람을 시켜서 영포를 속여 거짓으로 함께 도망하는 척하면서 월나라로 달아나도록 유인했다. 그래서 그를 믿고 따라서 파양番陽으로 갔다.

파양 사람들이 경포를 자향玆鄕[②] 농가에서 죽이고 마침내 경포를 멸했다.[③] 황자 장長을 세워서 회남왕으로 삼고 비혁을 봉해 기사후期思侯[④]로 삼았으며 여러 장수와 인솔자는 대부분 공로에 따라 봉해졌다.[⑤]

上怒罵之 遂大戰 布軍敗走 渡淮 數止戰 不利 與百餘人走江南 布故與番君婚 以故長沙哀王[①]使人紿布 僞與亡 誘走越 故信而隨之番陽 番陽人殺布玆鄕[②]民田舍 遂滅黥布[③] 立皇子長爲淮南王 封賁赫爲期思侯[④] 諸將率多以功封者[⑤]

① 長沙哀王장사애왕

집해 서광이 말했다. "〈한흥이래제후왕연표〉에는 성왕成王 신臣이고, 오예吳芮의 아들이다." 살펴보니 진작이 말했다. "오예 손자 고固이다." 누군가 말하길, 이는 성왕成王이지 애왕哀王이 아니며 〈경포열전〉이 잘못되었다고 한다.

徐廣曰 表云成王臣 吳芮之子也 駰案 晉灼曰 芮之孫固 或曰是成王 非哀王也 傳誤也

색은 애哀는 글자가 잘못되었다. 이는 성왕 신臣으로, 오예의 아들이다.

哀字誤也 是成王臣 吳芮之子也

② 玆鄕자향

색은 파양군 교현의 향鄕이다.

番陽鄡縣之鄕

③ 滅黥布멸경포

정의 영포의 무덤은 요주 파양현 북쪽 152리 13보에 있다.

英布冢在饒州鄱陽縣北百五十二里十三步

④ 期思侯기사후

정의 기사期思의 옛 성은 광주 고시현 영역에 있다.

期思故城在光州固始縣界

⑤ 將率多以功封者장솔다이공봉자

집해 《한서》에서 말한다. "장군과 인솔자로 봉해진 자가 6인이다."

漢書曰 將率封者六人

태사공이 말한다.

영포는 그 선조가 아마 《춘추》에서 보이는 초나라가 없앤 영英과 육六일 것이니, 고요皐陶의 후예가 아니겠는가? 몸이 법에 따라 형을 받았거늘 어찌 그리 빨리[①] 일어나 홍했는가? 항씨가 구덩이에 묻어 죽인 사람이 수천, 수만인데, 영포는 가장 포악했다. 공로는 제후들 중에서 으뜸이어서 이 때문에 왕이 될 수 있었고 또한 몸이 세상에서 죽임을 당하는 것을 면하지 못했다. 재앙은 여인을 사랑하면서 일어나 길러졌고 질투[②]에서 우환이 생겨나 끝내 나라를 멸망시키기에 이르렀다.

太史公曰 英布者 其先豈春秋所見楚滅英六 皐陶之後哉 身被刑法 何其拔[①]興之暴也 項氏之所阬殺人以千萬數 而布常爲首虐 功冠諸侯 用此得王 亦不免於身爲世大僇 禍之興自愛姬殖 妒媢[②]生患 竟以滅國

① 拔발

색은 拔의 발음은 '발[白曷反]'이고, 빠르다는 뜻이다.

拔 白曷反 疾也

② 妒媢투모

집해 媢의 발음은 '모冒'이다. 또한 질투하는 것을 이른다.

音冒 媢亦妒也

색은 살펴보니 왕소는 '모冒'로 발음했는데, 모媢는 또한 질투이다. 《한서》 〈외척전〉에서 또한 말한다. "어떤 이는 총애하는 첩을 질투하다가 엮여서 죽임을 당한 것이다." 또 《논형》에는 "투부모부妬夫媢婦"라고 했는데 곧 모媢는 투妬의 다른 이름이다. 지금 원래 영포는 비혁과 그의 비妃가 간통했다고 의심하여 죽임을 당하고 나라가 없어지기에 이르렀다. 이런 까닭에 질투를 곧 아양[媚]이라고 말하는 것은 뜻을 얻지 못한 것이다. 한편 남자가 투기하는 것을 모媢라 한다고 일렀다.

案 王劭音冒 媢亦妒也 漢書外戚傳亦云 或結寵妾妬媢之誅 又論衡云 妬夫媢婦 則媢是妬之別名 今原英布之誅爲疑賁赫與其妃有亂 故至滅國 所以不得言妬媢是媚也 一云男妬曰媢

색은술찬 사마정이 펼쳐서 밝히다.

구강왕은 애초에 점친 대로 묵형을 당한 뒤에 왕이 되었다. 죄수 무리에서 탈주하고 나서 강수 주변에서 도적 떼가 되었다. 거듭 초나라 군졸을 움켜쥐고 자주 진나라 장수들을 쳐부수었다. 병을 핑계 대서 항우의 의심을 샀다가 한나라를 받아들여 지팡이를 짚고 귀순했다. 비혁을 제거하는 것을 보이려다가 끝내 무망無妄①에 이르렀구나!

九江初筮 當刑而王 旣免徒中 聚盜江上 再雄楚卒 頻破秦將 病爲羽疑 歸受漢杖 賁赫見毁 卒致無妄①

① 無妄무망

신주 《역》의 무망괘를 가리킨다. 망령이 없는 것이 아니라 망령이 가득하다는 뜻이다. 無의 원래 뜻은 '없음'이 아니라 '빽빽하여 빈틈이 없음'을 말한다. 〈춘신군열전〉에서 살펴보았다.

찾아보기

인명

ㄱ

각角 208~209

감공甘公 174~175

건숙蹇叔 27~28

걸桀 94, 128

경구景駒 230

경포黥布 224~227, 229~230, 232~233, 237, 246~247, 259, 262~264

곡궁曲宮 124~125

공손지公孫支 27~29

공승씨公乘氏 138

공자 고高 68

공자孔子 7, 59

관고貫高 178, 180, 182~187

관용봉關龍逢 94, 128

괴통蒯通 150~153

교喬 59

ㄴ

노원공주魯元公主 176, 183~184, 188~190

누계樓季 79~80

ㄷ

등공滕公 252~254

ㅁ

맹서孟舒 182

몽무蒙武 66, 108, 110~111

몽염蒙恬 8, 16, 47, 54~55, 61~62, 65~66, 69, 108~115, 117, 119~121, 127~132

몽오蒙驁 108, 110~111

몽의蒙毅 65~67, 108, 110~112, 117, 119, 121, 124~127

무기毋忌 138~139

무신武臣 136~137, 146~147, 150~153, 155~156, 159, 163, 231

무안군武安君 126

묵적墨翟 59

문신후文信侯 20

미희美姬 250

ㅂ

방군房君 155, 157

백기白起 8, 126

백리해百里奚 27~28, 125

범저范雎 29, 32

범증范曾 231

부소扶蘇 16, 47, 49, 51, 58, 60~62, 108, 115, 119, 131

부차夫差 94, 126, 230

비간比干 12, 60, 94, 128

비표丕豹 27~28
비혁賁赫 224, 250~252, 263, 266

ㅅ

사성자한司城子罕 90, 92
상산왕常山王 136, 171, 173
상앙商鞅(상군) 8, 27, 77
설공泄公 184~187
섭간涉間 168
성도군成都君 156
소공召公 104
소상국蕭相國 251
소소邵騷 146, 153, 163
송의宋義 231
수하隨何 224, 236~237, 239, 243~245, 248~249
수후隨候 32~33
순경荀卿(순자) 16, 18, 45
순우월淳于越 42
신자申子(신불해) 75

ㅇ

안취顔聚 121
양후穰侯 29
여불위呂不韋 8, 16, 20, 26
여신呂臣 229
여후呂后 183~184, 188, 216
역생酈生 203
연왕 희喜 121
염락閻樂 100
오광吳廣 69, 74, 136, 145, 148, 224
오서伍奢 126
오자서伍子胥 7, 94, 126
왕리王離 61, 120, 165, 168
왕염개王恬開 217~218
왕전王翦 8, 110
요堯 9, 70, 75~77
용저龍且 245
우禹 70, 75~77, 253
위구魏咎 196, 198~200, 208, 220
위표魏豹 196~203, 205, 208, 213, 219~220
유가劉賈 247, 255, 260
유여由余 27, 29
유후留侯(장량) 213, 215
의제義帝 224, 233~234, 241
이량李良 136~137, 156, 161, 163
이목李牧 121
이사李斯 8, 16, 18, 20, 22, 25, 40~41, 45~48, 69~70, 74, 87~88, 94, 96, 100, 104, 108, 119~120
이유李由 45, 74, 88, 96

ㅈ

자영子嬰 102~103, 121
장언張偃 188, 190
장염張黶 156, 166, 168
장오張敖 155, 167, 176, 180, 182~184, 188~190
장의張儀 8, 29, 30

장이張耳 8, 136~143, 146, 153, 155~158, 163, 165~166, 168~178, 189, 191~192

장長 45, 259, 263

장함章邯 48, 74, 137, 163, 165, 167~168, 174, 196, 200~201, 229, 232

재여宰予 90, 92

적송자赤松子 59

전상田常 90, 91, 94

전영田榮 172~173, 208~209, 233

전파田巴 200~201

정국鄭國 25, 26

제왕 건建 121

조고趙高 16~17, 47, 49~50, 52~55, 57~59, 62, 64, 66~68, 85~88, 90, 93~96, 98~100, 102, 104, 108, 117, 119, 121, 131

조오趙午 178~180

조왕 천遷 121

조헐趙歇 137, 163~164

주가周苛 196, 203, 205

주공周公 104

주문奏文 98

주문周文 148

주불周市 196, 198, 200

주성왕周成王 127

주은周殷 247

주장周章 153

주紂 58, 94, 128

주청신周青臣 42

진가秦嘉 230

진목공秦穆公 27, 125

진석陳澤 166~168

진섭陳涉 143,~145, 157

진소왕秦昭王 114

진승陳勝 69, 88, 136, 145, 196, 198, 206, 224~225, 229

진시황제秦始皇帝 16, 34, 41, 45, 48, 51, 62, 67, 69~70, 89, 100~103, 111, 115~116, 125, 132, 229~230

진여陳餘 8, 136~139, 141~143, 146, 153, 156~159, 163, 165~176, 191~192

진영陳嬰 229

진장양왕秦莊襄王 110

진효공秦孝公 22, 24

진희陳豨 215

ㅊ

초평왕楚平王 126

초회왕楚懷王 200

ㅍ

파군番君(오예吳芮) 224, 229~230, 263

패공沛公(유방) 102, 208

팽월彭越 196~197, 199, 206~210, 212~220, 224, 237, 249, 254, 259

포장군蒲將軍 229

풍겁馮劫 16

ㅎ

하열夏說 173~174

한광韓廣 156~157

한기韓玘 91~93

한담韓談 102

한비자韓非子 32, 70, 75, 77~78, 83~84

한신韓信 8, 136~137, 162, 176, 196~197, 203~204, 212~214, 224, 249, 254, 256

한안韓安 91, 92

한왕漢王 171, 173~176, 178, 180, 182, 202~203, 208, 210, 212, 214~215, 233, 235~236, 239, 241, 243, 245, 247

항량項梁 98, 206, 224, 229~231

항백項伯 246

항성項聲 245

항연項燕 110

항왕項王(항우) 102, 208, 210, 232~234, 236, 239, 243, 245

항타項它 200~201

형가荊軻 10, 121

호첩扈輒 215, 217

호해胡亥 16, 47, 49~55, 57~62, 64, 68~69, 108, 115, 117, 119, 121, 124, 126, 145

화씨和氏 32

화양군華陽君 29

황제黃帝 9, 23, 111

효문제孝文帝 188

효혜제孝惠帝 188

후승后勝 121

지명

ㄱ

감천甘泉 90, 117, 119, 132

강동江東 229

강수江水 226, 229, 253, 266

거록鉅鹿 137, 141, 165, 168, 192

거야택鉅野澤 206, 208

고릉固陵 212, 214

고형苦陘 138, 141

곡성穀城 210, 212~214

곤산昆山 32~33

관동關東 22, 24, 87

구강九江 224, 232~234, 244~247, 249, 266

구원九原 69, 117, 118

극원棘原 165

기蘄 143, 153, 261, 262

ㄴ

낙양雒陽 216, 249

남피南皮 171~173

낭야琅邪 47~48, 119

ㄷ

대代 22, 121, 123~124, 156, 167, 171~172, 174, 215

대량大梁 136, 138~141, 146

대하大夏 70

대하大河 156
동군東郡 110~111, 151
동僮 260
동아東阿 35, 37, 212
동원東垣 180
두杜 67

ㅁ

무관武關 102

ㅂ

백마白馬 146~147, 151
백인柏人 180~181
범양范陽 149~153
부릉富陵 260

ㅅ

사구沙丘 47, 49, 62, 64, 88, 119
삼천군三川郡 45, 74, 88, 98, 110, 111
삼천三川 29~30, 74, 88
상군上郡 29~31, 47~48, 61, 63, 70
상당上黨 156, 204
상림上林 100~101
상산常山 156, 161~162, 165, 177
상채上蔡 16, 18~19, 45, 56, 99
서徐 260
석읍石邑 161~162
설薛 230
성고成皐 29, 31, 110, 210~211, 241~242, 247, 255~256, 258
수양睢陽 210~211, 214
신도信都 163~164, 171, 188, 190
신안新安 232~233

ㅇ

양국襄國 164, 171, 176
양梁 146, 202, 208, 210, 213, 236~237, 241
양산陽山 112, 116~117
양주陽周 62~63, 121, 127
양하陽夏 210, 212
언鄢 29, 31
여강廬江 249
여산驪山 68, 154, 224
여산麗山 226, 228~229, 258
영郢 29, 31
예장군豫章郡 249
완宛 27~28, 35~36
외황外黃 136, 138, 140~141, 208, 210~211, 220
요동遼東 108, 112, 114~115, 129, 132
용문龍門 70
용성庸城 261~262
우虞 28, 35~36, 236
육六 227, 249, 257, 265
육현六縣 224, 226
임제臨濟 196, 200~201
임조臨洮 108, 112, 114~115, 129, 132
임진臨晉 202~203

ㅈ

자향兹鄕 263~264
장사長沙 230, 233, 256~258, 263
장안長安 182, 215~216, 249, 251
정도定陶 197, 215~216, 231
정鄭 33, 216, 218
정형井陘 161~162, 176
제음濟陰 208
지도軹道 102~104
지수泜水 137, 176~177
진陳 136, 142~146, 148, 153, 169, 198, 212~213, 215, 249

ㅊ

창읍昌邑 197, 206~208, 210, 216, 220
청의青衣 216~217
청파淸波 229
촉蜀 29~30, 216, 241
침현郴縣 233~234

ㅌ

탕碭 208
태산泰山 38, 79, 81
태원太原 161~162, 204

ㅍ

파양番陽 225, 263~264
파巴 29
팽성彭城 176, 196, 202, 210, 231, 234, 236~237, 239, 248
평성平城 178
평양平陽 116, 196, 201~202, 211
폐구廢丘 174

ㅎ

하남河南 16, 31, 70, 108, 112~114, 116, 132, 136, 145, 211, 233
하내河內 156, 165
하동河東 139, 196, 202~204
하수河水 73, 112, 127, 146~147, 153, 165, 168~169, 202, 210~211, 231~232, 237, 253
하읍下邑 245~246
하채下蔡 19, 256~258
한단邯鄲 151, 153, 161~165, 215
한중漢中 29, 31, 114, 241
함곡관函谷關 70, 146, 153, 156, 171, 174, 196, 202, 232
함양咸陽 17, 42, 45, 47, 53, 64, 67, 70, 95, 99~100, 102, 105, 121, 144, 189, 196, 232
해하垓下 212, 215~216, 224, 247
형산衡山 224, 230, 249
형양滎陽 110, 196, 202~203, 205, 210, 241~242
홍문鴻門 69
회계會稽 47, 71, 119, 229~230
회남淮南 214, 224, 227, 229, 236~239, 243~249, 251, 257, 259, 263
회수淮水 224, 230, 239, 257, 260, 263
회저會甀 261~262
희수戲水 153~154, 233

기타

ㄱ

각저角抵 90~91

감천궁甘泉宮 90

구강왕九江王 224, 232~234, 244, 266

구곡九曲 70, 73

구이九夷 29, 31

구하九河 70

ㅁ

망이궁望夷宮 101

맥貉 97

문경지교刎頸之交 136, 166, 192

ㅂ

백가百家 44

백월白越 97, 230

부새령符璽令 47

ㅅ

삼진三秦 174, 196, 202~203

서書 7, 44

섬리纖離 32, 34

시詩 44

심서沈書 127

ㅇ

아방궁阿房宮 87, 89, 94

영씨英氏 226~227

영타靈鼉 32, 34

오령五嶺 147, 149

온량거轀輬車 47, 49

용도甬道 165, 167

육경六卿 42

융적戎狄 112

인두세人頭稅 147

ㅈ

직도直道 69, 89, 108, 130, 132

ㅊ

축객령逐客令 16, 26, 40

치도馳道 69~70, 98

ㅍ

판축板築 240

ㅎ

함양궁咸陽宮 42

호胡 97, 117

흉노匈奴 11~12, 108, 112, 114, 117

《신주 사마천 사기》〈열전〉을 만든 사람들

한가람역사문화연구소 사기연구실

이덕일(한가람역사문화연구소 소장, 문학박사)

김명옥(문학박사)

송기섭(문학박사)

이시율(고대사 및 역사고전 연구가)

정　암(지리학박사)

최원태(고대사 연구가)

한가람역사문화연구소는 1998년 창립된 이래 한국 사학계에 만연한 중화사대주의 사관과 일제식민 사관을 극복하고 한국의 주체적인 역사관을 세우려 노력하고 있는 학술연구소이다. 독립운동가들의 역사관 계승 작업을 꾸준히 진행하는 한편《사기》본문 및 '삼가주석'에 한국 고대사의 진실을 말해주는 수많은 기술이 있음을 알고 연구에 몰두했다. 지난 10여 년간 '《사기》원전 및 삼가주석 강독(강사 이덕일)'을 진행하는 한편 사기연구실 소속 학자들과《사기》에 담긴 한중고대사의 진실을 찾기 위한 연구 및 답사도 계속했다.《신주 사마천 사기》는 원전 강독을 기초로 여러 연구자들이 그간 토론하고 연구한 결과의 집대성이라고 할 수 있다. 한가람역사문화연구소는《신주 사마천 사기》출간을 시작으로 역사를 바로세우기 위해 토대가 되는 문헌사료의 번역 및 주석 추가 작업을 꾸준히 이어갈 계획이다.

한문 번역 교정

유정님 박상희 김효동 곽성용 김영주 양훈식 박종민

《사기》를 지은 사람들

본문_ 사마천

사마천은 자가 자장子長으로 하양(지금 섬서성 한성시) 출신이다. 한 무제 때 태사공을 역임하다가 이릉 사건에 연루되어 궁형을 당했다. 기전체 사서이자 중국 25사의 첫머리인 《사기》를 집필해 역사서 저술의 신기원을 이룩했다. 후세 사람들이 태사공 또는 사천이라고 높여 불렀다. 《사기》는 한족의 시각으로 바라본 최초의 중국 민족사라고 할 수 있는데 여기서 사마천은 동이족의 역사를 삭제하거나 한족의 역사로 바꾸기도 했다.

삼가주석_ 배인·사마정·장수절

《집해》 편찬자 배인은 자가 용구龍駒이며 남북조시대 남조 송(420~479)의 하동 문희(현 산서성 문희현) 출신이다. 진수의 《삼국지》에 주석을 단 배송지의 아들로 《사기집해》 80권을 편찬했다.

《색은》 편찬자 사마정은 자가 자정子正으로 당나라 하내(지금 하남성 심양) 출신인데 굉문관 학사를 역임했다. 사마천이 삼황을 삭제한 것을 문제로 여겨서 〈삼황본기〉를 추가했으며 위소, 두예, 초주 등 여러 주석자의 주석을 폭넓게 모으고 자신의 견해를 덧붙여 《사기색은》 30권을 편찬했다.

《정의》 편찬자 장수절은 당나라의 저명한 학자로, 개원 24년(736) 《사기정의》 서문에 "30여 년 동안 학문을 섭렵했다"고 썼을 정도로 《사기》 연구에 몰두했다. 그가 편찬한 《사기정의》에는 특히 당나라 위왕 이태 등이 편찬한 《괄지지》를 폭넓게 인용한 것을 비롯해서 역사지리에 관한 내용이 풍부하다.